LA RESPONSABILITÉ DU PROFESSIONNEL DE SANTÉ EN CÔTE D'IVOIRE

L'Éthique de la pratique à l'épreuve du contentieux

Mohamed D. KOUYAT É

LA RESPONSABILITÉ DU PROFESSIONNEL DE SANTÉ EN CÔTE D'IVOIRE

L'Éthique de la pratique à l'épreuve du contentieux

L'Harmattan
Côte d'Ivoire

Du même auteur chez L'Harmattan

Le budget de l'État ivoirien. Financer le développement, 2015

La gestion budgétaire de l'hôpital public en Côte d'Ivoire, 2013

Pour une assurance maladie universelle en Côte d'Ivoire. Réformer le système de tarification, 2012

L'hôpital public dans le système sanitaire ivoirien, 2012

5-7, rue de l'École-Polytechnique ; 75005 Paris
www.editions-harmattan.fr

ISBN : 978-2-336-63620-7
EAN : 9782336636207

LISTE DES SIGLES ET ACRONYMES

A

AIPP

Atteinte permanente à l'intégrité physique (seuil de gravité pour indemnisation par l'ONIAM en droit français)

AOF

Afrique occidentale française (ancien cadre administratif colonial incluant la Côte d'Ivoire)

C

CCI

Commission de Conciliation et d'Indemnisation (organe amiable français créé par la loi Kouchner 2002)

CHU

Centre Hospitalier Universitaire

CRCI

Commission Régionale de Conciliation et d'Indemnisation (ancienne dénomination de la CCI en France)

CSP

Code de la Santé Publique (France)

D

DPC

Développement Professionnel Continu (dispositif de formation continue obligatoire)

F

FNIAM-CI

Fonds National d'Indemnisation des Accidents Médicaux – Côte d'Ivoire (proposition dans le manuscrit)

I

INFAS

Institut National de Formation des Agents de Santé (Côte d'Ivoire)

ITT

Incapacité Temporaire Totale de travail (seuil de gravité pour indemnisation)

O

OMS

Organisation Mondiale de la Santé

ONIAM

Office National d'Indemnisation des Accidents Médicaux (France)

ONMCI

Ordre National des Médecins de Côte d'Ivoire

ONSI

Ordre National des Sages-Femmes et Maïeuticiens de Côte d'Ivoire

ONIIC

Ordre National des Infirmiers et Infirmières de Côte d'Ivoire

ONU

Organisation des Nations Unies

P

PEC

Prise en charge (médicale, thérapeutique)

R

RCP

Responsabilité Civile Professionnelle (assurance)

S

SAMU

Service d'Aide Médicale Urgente

SMUR

Service Mobile d'Urgence et de Réanimation

V

VIH

Virus de l'Immunodéficience Humaine

INTRODUCTION GÉNÉRALE

La relation entre le soignant et le soigné en Côte d'Ivoire traverse, depuis le début du XXIe siècle, une transformation profonde dont les implications dépassent le seul cadre médical pour interroger l'ensemble de l'architecture sanitaire nationale. Cette mutation, que l'on pourrait qualifier de « judiciarisation du soin », constitue le phénomène central qui justifie et structure le présent ouvrage. Si la médecine demeure, dans son essence, un art guidé par l'impératif éthique du serment d'Hippocrate — primum non nocere — sa pratique contemporaine s'inscrit désormais dans un réseau normatif dense, contraignant et évolutif qui redéfinit les contours de la responsabilité professionnelle.

I. Contextualisation : la rupture du pacte de confiance traditionnel

Pendant des décennies, la relation thérapeutique en Afrique subsaharienne, et particulièrement en Côte d'Ivoire, s'est caractérisée par ce que les sociologues de la santé ont nommé le « pacte de confiance asymétrique ». Ce pacte reposait sur trois piliers fondamentaux : l'autorité scientifique incontestée du médecin, la vulnérabilité assumée du patient, et l'absence de recours juridictionnel effectif en cas de litige. Le praticien bénéficiait d'une présomption de compétence et de probité qui le plaçait, socialement et juridiquement, dans une position d'immunité relative face aux conséquences de ses actes professionnels.

Cette configuration traditionnelle trouve ses racines dans plusieurs facteurs historiques et structurels. D'abord, l'héritage colonial a installé le médecin comme figure d'autorité du dispositif sanitaire, investi d'un pouvoir quasi discrétionnaire dans un contexte de pénurie médicale chronique. Ensuite, la faiblesse des structures juridictionnelles spécialisées et l'absence d'une culture contentieuse en matière médicale ont longtemps rendu théorique l'application des principes de responsabilité civile et pénale pourtant inscrits dans le Code Civil ivoirien depuis l'indépendance. Enfin, les contraintes économiques — coût prohibitif d'une procédure judiciaire, absence d'assurance responsabilité civile professionnelle généralisée — ont découragé les victimes d'accidents médicaux de porter leurs griefs devant les tribunaux.

Or, ce modèle connaît aujourd'hui une érosion manifeste sous l'effet de plusieurs dynamiques convergentes. La première est d'ordre sociologique : l'émergence d'une classe moyenne urbaine éduquée, mieux informée de ses droits et moins encline à accepter passivement les dysfonctionnements du système de santé. Les réseaux sociaux et l'accès facilité à l'information médicale via internet ont brisé le monopole du savoir médical et permis aux patients de questionner, parfois de contester, les décisions thérapeutiques. Cette évolution s'accompagne d'une montée en puissance des attentes en matière de qualité et de sécurité des soins, alimentée par la comparaison avec les standards internationaux.

La deuxième dynamique est législative. L'adoption de la Loi n° 2024-240 du 24 avril 2024 portant exercice de la médecine marque une rupture historique dans le droit médical ivoirien. Pour la première fois, le législateur consacre explicitement la notion d'« erreur médicale », définit les obligations d'information du patient, impose la souscription d'une assurance responsabilité civile professionnelle, et précise les régimes de responsabilité applicables aux établissements de santé. Cette loi, complétée par la modernisation de l'Ordre National des Médecins (Loi n° 2021-555 du 27 septembre 2021), témoigne de la volonté des pouvoirs publics de réguler plus strictement l'exercice médical et d'offrir aux usagers des recours effectifs.

La troisième dynamique est contentieuse, quoiqu'encore embryonnaire. Si la Côte d'Ivoire ne dispose pas, à ce jour, d'une jurisprudence médicale publiée et structurée — lacune majeure que nous documenterons amplement —, les professionnels de santé rapportent une multiplication des plaintes, tant disciplinaires que pénales. Une étude menée en 2024 au Centre Hospitalier Universitaire de Bouaké a révélé que 78% des médecins interrogés méconnaissaient les règles juridiques de la responsabilité médicale, témoignant du décalage entre l'évolution normative et les pratiques professionnelles. Ce phénomène d'« impunité par ignorance », dénoncé par plusieurs juristes ivoiriens dont le Professeur Yanourga Sanogo de l'Université Péléforo Gon Coulibaly, nourrit paradoxalement le sentiment d'insécurité juridique des praticiens, confrontés à des règles qu'ils perçoivent comme floues et imprévisibles.

Cette rupture du pacte de confiance ne doit pas être interprétée comme une « judiciarisation excessive » ou une « américanisation » du rapport soignant-soigné, accusations fréquemment entendues dans les milieux médicaux. Elle traduit plus fondamentalement une demande sociale de responsabilisation et de transparence, conforme aux principes d'un État de droit moderne. Le patient ivoirien du XXIe siècle n'accepte plus d'être considéré comme un simple « objet de soins » ; il revendique le statut de « sujet de droit », titulaire de prérogatives opposables au système de santé. Cette évolution, loin d'être spécifique à la Côte d'Ivoire, s'inscrit dans un mouvement global de « droitisation» des relations médicales, observable sur tous les continents.

II. Définition et périmètre : les trois dimensions de la responsabilité médicale

La notion de responsabilité médicale, au cœur de cet ouvrage, exige une clarification conceptuelle préalable. Le terme « responsabilité » revêt, dans le langage juridique comme dans le vocabulaire courant, une polysémie qui peut engendrer des confusions préjudiciables à l'analyse. Nous distinguerons ici trois acceptions, correspondant à trois ordres normatifs distincts mais complémentaires.

A. La responsabilité morale ou éthique

La première dimension de la responsabilité médicale est d'ordre moral et éthique. Elle renvoie aux devoirs que le praticien s'impose à lui-même en vertu de son engagement professionnel, indépendamment de toute contrainte juridique externe. Cette responsabilité trouve son expression la plus ancienne dans le serment d'Hippocrate, dont les principes cardinaux — bienfaisance, non-malfaisance, respect de la dignité humaine — ont traversé les siècles pour irriguer l'ensemble des codes déontologiques modernes.

En Côte d'Ivoire, cette dimension éthique est formalisée par le Code de Déontologie Médicale institué par la Loi n° 62-248 du 31 juillet 1962. L'article 1er de ce texte fondateur énonce que « le médecin exerce sa mission dans le respect de la vie humaine et de la personne. Il doit, en toutes circonstances, respecter les principes de moralité, de probité et de dévouement indispensables à l'exercice de la médecine ». L'article 2 précise que « le respect de la vie et de la personne humaine constitue en toute circonstance le devoir primordial du médecin ». Ces dispositions transcendent le simple respect de la légalité pour exiger du praticien une posture existentielle : celle du serviteur désintéressé de la santé d'autrui.

Cette responsabilité morale ne se limite pas à l'acte technique du soin. Elle englobe l'ensemble de la relation thérapeutique : l'écoute empathique (article 27 du Code de Déontologie : « correction et aménité »), le refus de toute discrimination (article 3 : « traiter avec la même conscience tous ses malades quels que soient leur condition, leur nationalité, leur religion »), la préservation du secret professionnel comme condition de la confiance (article 7), ou encore l'obligation de permanence des soins qui interdit au médecin d'abandonner son patient. Cette éthique professionnelle constitue le socle axiologique sur lequel se construisent les autres formes de responsabilité.

B. La responsabilité déontologique ou ordinale

La deuxième dimension de la responsabilité médicale est d'ordre déontologique. Elle correspond à l'ensemble des devoirs professionnels édictés par le Code de Déontologie et dont le respect est contrôlé par l'Ordre National des Médecins de Côte d'Ivoire (ONMCI). Cette responsabilité occupe une position intermédiaire entre la pure éthique et le droit positif : elle emprunte à la première son inspiration axiologique, mais s'apparente au second par son caractère contraignant et sanctionné.

L'ONMCI, créé par la Loi n° 60-284 du 10 septembre 1960 et réorganisé par la Loi n° 2021-555 du 27 septembre 2021, détient le monopole du pouvoir disciplinaire sur les médecins inscrits à son Tableau. L'article 2 de la loi fondatrice lui assigne pour mission de « veiller au maintien des principes de moralité, de probité et de dévouement indispensables à l'exercice de la médecine et à l'observation par tous ses membres, des devoirs professionnels ». Ce pouvoir s'exerce par le truchement des Conseils Régionaux de l'Ordre (CROM) en première instance, et de la Section Disciplinaire du Conseil National en appel.

Les sanctions ordinales — avertissement, blâme, interdiction temporaire d'exercer (jusqu'à 3 ans), radiation définitive du Tableau — visent moins à réparer un préjudice individuel qu'à préserver l'honneur de la profession et à garantir la confiance du public dans l'institution médicale. Un médecin peut être sanctionné disciplinairement pour des faits qui n'engagent pas nécessairement sa responsabilité civile ou pénale : publicité tapageuse, non-respect de la confraternité, complicité d'exercice illégal, ou encore perception d'honoraires manifestement excessifs. Inversement, une faute technique ayant causé un préjudice au patient peut échapper à la sanction ordinale si elle ne révèle pas un manquement aux devoirs déontologiques fondamentaux.

La responsabilité déontologique possède ainsi une autonomie relative par rapport à la responsabilité juridique. Cette autonomie se manifeste également dans les règles procédurales : les instances ordinales ne sont pas tenues de surseoir à statuer en cas de poursuites pénales parallèles (article 40 de la Loi n° 60-284), et leurs décisions échappent au contrôle des juridictions judiciaires, relevant de la seule compétence de la Chambre Administrative de la Cour Suprême en cas de recours pour excès de pouvoir.

C. La responsabilité juridique : civile, administrative et pénale

La troisième dimension, et la plus développée dans cet ouvrage, est celle de la responsabilité juridique au sens strict. Elle désigne l'obligation pour le professionnel de santé de répondre devant la justice des conséquences dommageables de ses actes ou omissions, et de subir les sanctions que le droit prévoit. Cette responsabilité se décline en trois régimes distincts, correspondant à trois ordres juridictionnels et à trois finalités différentes.

La responsabilité civile vise la réparation du préjudice subi par la victime. Fondée sur les articles 1382 et 1383 du Code Civil ivoirien, elle obéit au principe de la responsabilité pour faute : tout fait de l'homme qui cause à autrui un dommage oblige celui par la faute duquel il est arrivé à le réparer. Dans le secteur libéral, cette responsabilité revêt un caractère contractuel : le patient et le médecin sont liés par un contrat sui generis dont l'inexécution (faute dans les soins, défaut d'information, violation du secret) ouvre droit à réparation. Dans le secteur public hospitalier, la responsabilité est administrative et repose sur la distinction fondamentale entre faute de service (engageant l'établissement) et faute personnelle détachable (engageant le fonctionnaire à titre personnel).

La responsabilité administrative, applicable aux seuls médecins fonctionnaires, constitue une variante spécifique de la responsabilité civile. Elle obéit aux règles du droit administratif et relève de la compétence des tribunaux administratifs. Le Statut Général de la Fonction Publique (Loi n° 92-570 du 11 septembre 1992) prévoit une échelle de sanctions disciplinaires administratives — de l'avertissement à la révocation — distinctes des sanctions ordinales. Un même fait peut ainsi donner lieu à un cumul de sanctions : civile (réparation du préjudice), ordinale (sanction par l'Ordre), et administrative (sanction hiérarchique).

La responsabilité pénale, enfin, poursuit une finalité répressive : punir l'infraction et prévenir sa réitération. Le Code Pénal ivoirien (Loi n° 2019-574 du 26 juin 2019) incrimine plusieurs comportements médicaux fautifs. L'article 392 sanctionne l'homicide et les blessures involontaires résultant de « maladresse, imprudence, inattention, négligence ou inobservation des règlements ». L'article 391 réprime la non-assistance à personne en danger, avec une aggravation des peines lorsque l'auteur avait une « obligation professionnelle de porter assistance ». Les articles 444 à 448 du Code Pénal (Loi n°2019-574 du 26 juin 2019) punissent la violation du secret professionnel. La Loi n° 2024-240 sanctionne quant à elle l'exercice illégal de la médecine (article 63) et la complicité d'exercice illégal (article 62).

Ces trois régimes de responsabilité juridique peuvent se cumuler sans violer le principe non bis in idem, dès lors qu'ils protègent des intérêts distincts : réparation du préjudice privé (responsabilité civile), répression de l'atteinte à l'ordre public (responsabilité pénale), discipline du service (responsabilité administrative). Un médecin ayant commis une faute grave peut ainsi se retrouver simultanément condamné à indemniser la victime (tribunal civil ou administratif), sanctionné par l'Ordre (radiation), et emprisonné (tribunal correctionnel).

III. Problématique centrale : la quadrature du cercle normatif

La coexistence de ces multiples formes de responsabilité, loin de constituer un simple empilement normatif, pose au praticien ivoirien un défi redoutable que nous formulons ainsi : comment concilier l'obligation de prodiguer des soins consciencieux, parfois audacieux, dans un contexte sanitaire contraint, avec l'exigence croissante de sécurité juridique dans un environnement normatif en pleine expansion ?

Cette problématique centrale irrigue l'ensemble de l'ouvrage et se décline en plusieurs sous-questions structurantes.

Première sous-question : comment le praticien peut-il respecter des obligations professionnelles de plus en plus exigeantes — obligation de moyens renforcée, information éclairée du patient, tenue rigoureuse du dossier médical —

dans un système de santé marqué par la pénurie de ressources humaines, matérielles et financières ? La Côte d'Ivoire compte environ un médecin pour 10 000 habitants, contre un pour 3 000 en moyenne mondiale selon l'OMS. Les plateaux techniques des hôpitaux publics accusent un retard considérable, et les ruptures de stock de médicaments essentiels sont récurrentes. Dans ce contexte, le standard des « données acquises de la science » que le médecin est tenu d'appliquer (article 32 du Code de Déontologie) devient parfois une fiction juridique : comment reprocher au chirurgien l'absence d'un scanner pré-opératoire quand l'hôpital ne dispose d'aucun appareil fonctionnel ?

Deuxième sous-question : comment articuler le principe de responsabilité personnelle du médecin avec les défaillances systémiques de l'organisation sanitaire ? L'analyse des rares cas contentieux documentés révèle une tendance à « pénaliser » l'individu praticien pour des dysfonctionnements organisationnels qui le dépassent : retard de prise en charge liée à l'engorgement des urgences, infections nosocomiales favorisées par l'insalubrité des locaux, erreurs de transfusion dues à l'absence de procédures standardisées. Le droit médical ivoirien, encore largement focalisé sur la responsabilité individuelle, peine à intégrer la dimension collective et institutionnelle de la sécurité des soins.

Troisième sous-question : comment garantir l'effectivité du droit à réparation des victimes d'accidents médicaux dans un contexte d'absence généralisée d'assurance responsabilité civile professionnelle et de défaillance des mécanismes d'indemnisation ? Jusqu'à l'entrée en vigueur de la Loi n° 2024-240, aucune obligation légale d'assurance RCP ne pesait sur les médecins libéraux. Même aujourd'hui, l'application de cette obligation demeure incertaine, et le secteur public hospitalier n'est couvert par aucun dispositif équivalent. Résultat : les victimes qui obtiennent gain de cause devant les tribunaux se heurtent à l'insolvabilité du médecin condamné, transformant la décision de justice en « victoire morale » sans portée indemnitaire réelle. La Côte d'Ivoire ne dispose, contrairement à la France, d'aucun fonds de garantie public (type ONIAM) pour indemniser les accidents médicaux non fautifs.

Quatrième sous-question : comment construire une culture juridique de la responsabilité médicale en l'absence de jurisprudence publiée et accessible ? Notre investigation documentaire a révélé l'inexistence totale de décisions de justice ivoiriennes publiées en matière de responsabilité médicale. Les bases de données juridiques consultées (Juriafrica, LoiDici, archives de la Cour Suprême en ligne) ne comportent aucun arrêt de référence. Cette carence jurisprudentielle prive les praticiens comme les juristes d'un outil essentiel d'interprétation des textes : sans précédents judiciaires, il est impossible de savoir comment les tribunaux apprécient concrètement la notion de « faute technique », quel quantum de dommages-intérêts ils accordent pour tel ou tel préjudice, ou selon quels critères ils distinguent faute de service et faute personnelle détachable. Le droit médical ivoirien évolue ainsi dans un « hors-sol jurisprudentiel » qui accroît l'imprévisibilité et l'insécurité juridique.

Cinquième sous-question : comment préserver l'humanisme médical et la relation de confiance dans un contexte de judiciarisation ? L'inflation normative et contentieuse suscite chez de nombreux praticiens un sentiment de « médecine défensive » : multiplication des examens complémentaires non strictement nécessaires, refus de prendre en charge des cas complexes, surinformation du patient au risque de l'inquiéter inutilement. Cette attitude, compréhensible sur le plan psychologique, entre en tension avec les principes fondamentaux de l'art médical : audace thérapeutique mesurée, relation de confiance libératrice, acceptation de l'aléa inhérent à toute intervention sur le vivant.

Ces interrogations, qui traversent toutes les législations médicales contemporaines, revêtent en Côte d'Ivoire une acuité particulière en raison du télescopage entre modernisation juridique accélérée et persistance de structures sanitaires défaillantes. Le présent ouvrage ne prétend pas apporter de réponses définitives à ces questions complexes. Il ambitionne plus modestement de les éclairer par une analyse systémique du droit positif, de documenter les lacunes normatives et institutionnelles, et de formuler des recommandations susceptibles de concilier sécurité des patients, responsabilisation des praticiens, et pérennité d'une médecine humaniste.

IV. Démarche méthodologique et annonce du plan

Le présent ouvrage adopte une démarche à la fois dogmatique et critique. Dogmatique, en ce qu'elle restitue fidèlement l'état du droit positif ivoirien tel qu'il résulte des textes législatifs et réglementaires en vigueur au 14 décembre 2025. Critique, en ce qu'elle ne se contente pas de décrire les normes mais en analyse les cohérences, les contradictions, les silences, et évalue leur adéquation aux réalités du terrain sanitaire.

Sur le plan des sources, nous avons privilégié **les textes juridiques ivoiriens**, conformément au principe de souveraineté juridique qui doit guider tout travail de droit positif. Le Code Civil, le Code Pénal, le Code de Déontologie Médicale, les lois organisant l'Ordre des Médecins et les ordres paramédicaux, ainsi que la récente Loi n° 2024-240 portant exercice de la médecine constituent notre corpus normatif primaire. Les références au droit français, omniprésentes dans la littérature juridique africaine, n'apparaissent ici qu'à titre historique ou comparatif, pour éclairer la filiation intellectuelle du système ivoirien sans jamais se substituer à l'analyse du droit national.

Cette rigueur méthodologique se heurte toutefois à une contrainte majeure : l'absence de jurisprudence ivoirienne publiée en matière de responsabilité médicale. Malgré nos recherches approfondies dans les bases documentaires en ligne, les bulletins de la Cour Suprême, et les archives numériques des Cours d'Appel, aucune décision de justice n'a pu être identifiée. Cette carence, loin d'être anecdotique, révèle une opacité structurelle du système judiciaire ivoirien qui empêche la constitution d'une doctrine jurisprudentielle nationale. Face à cette limite, nous avons compensé par l'analyse de la doctrine académique ivoirienne, certes limitée mais en plein développement, et par l'examen des pratiques ordinales lorsque les données étaient accessibles.

Le plan de l'ouvrage obéit à une logique déductive et chronologique : partir de l'histoire pour comprendre la genèse des principes, exposer ensuite le cadre normatif des obligations professionnelles, et enfin analyser les mécanismes de sanction en cas de manquement. Cette architecture en trois parties reflète la conviction que l'on ne peut comprendre les mécanismes de la responsabilité sans avoir d'abord appréhendé le contexte historique de leur émergence, puis cerné les obligations qui pèsent sur le professionnel de santé.

La Partie I, intitulée « Genèse et évolution mondiale de la responsabilité médicale », retrace près de quatre millénaires d'histoire du droit médical, des premières codifications babyloniennes aux réformes législatives contemporaines. Le Chapitre 1 analyse les fondations antiques de la responsabilité médicale à travers quatre systèmes juridiques majeurs : le Code d'Hammourabi (responsabilité objective et talion gradué), la médecine égyptienne (protocoles écrits), le Serment d'Hippocrate (fondation éthique), et la Lex Aquilia romaine (matrice de la responsabilité pour faute). Le Chapitre 2 poursuit cette analyse avec l'évolution médiévale et moderne : droit canonique, corporations médicales, doctrine de Domat et Pothier, et codification napoléonienne. Le Chapitre 3 examine la construction jurisprudentielle française moderne, de l'arrêt Mercier (1936) consacrant l'obligation de moyens à la loi Kouchner (2002) instituant le système d'indemnisation des accidents médicaux. Le Chapitre 4 tire les enseignements comparatifs de cette évolution pour dégager les invariants juridiques transposables et les adaptations nécessaires au contexte ivoirien.

La Partie II, intitulée « Des obligations professionnelles », explore le cadre normatif et déontologique régissant l'exercice quotidien de la médecine et des professions paramédicales en Côte d'Ivoire. Le Chapitre 5 expose les obligations du médecin : statut juridique, conditions d'accès à la profession, devoirs déontologiques (dignité, humanisme, secret professionnel, indépendance), et rôle de l'Ordre National des Médecins. Le Chapitre 6 retrace l'évolution historique de la responsabilité médicale spécifiquement en Côte d'Ivoire, de l'irresponsabilité de principe du « sachant » colonial à l'affirmation contemporaine de la responsabilité pour faute, en passant par l'émergence récente des droits des patients. Le Chapitre 7 étend l'analyse aux auxiliaires médicaux (infirmiers, sages-femmes, techniciens), en insistant sur la dialectique entre rôle propre et rôle délégué, source majeure de contentieux potentiel.

La Partie III, intitulée « Les sanctions des obligations professionnelles », analyse les mécanismes de mise en cause et de gestion du contentieux. Le Chapitre 8 expose les fondements juridiques communs à tous les régimes de responsabilité : la notion de faute professionnelle (technique vs éthique), le lien de causalité, la charge de la preuve, l'aléa thérapeutique et la théorie de la perte de chance. Le Chapitre 9, le plus développé de l'ouvrage, détaille les quatre régimes de sanctions applicables au professionnel de santé fautif : la sanction civile (réparer le préjudice), la sanction ordinale (réguler la profession), la sanction administrative (discipliner l'agent public), et la sanction pénale (réprimer les infractions). Pour chacun de ces régimes, nous précisons les textes de base, les procédures applicables, l'échelle des sanctions, et leurs conditions de cumul.

V. Enjeux de l'ouvrage : contribuer à l'édification d'un droit médical ivoirien moderne et équilibré

Au-delà de son ambition descriptive, le présent ouvrage poursuit une finalité normative : contribuer à l'émergence d'un droit médical ivoirien qui soit à la fois protecteur des patients, respectueux des contraintes d'exercice des praticiens, et adapté aux réalités socio-économiques du pays. Cette triple exigence suppose de dépasser deux écueils symétriques.

Le premier écueil serait de transposer mécaniquement les solutions juridiques des pays occidentaux sans tenir compte des spécificités du système de santé ivoirien. Les standards de responsabilité développés en France ou en Belgique reposent sur l'hypothèse d'un système de santé performant, doté de moyens suffisants, où l'erreur médicale constitue une anomalie statistique. En Côte d'Ivoire, la précarité structurelle de l'offre de soins rend inopérants certains mécanismes : comment exiger du médecin une obligation de résultat dans la pose d'une prothèse quand la qualité des dispositifs médicaux importés est aléatoire ? Comment sanctionner le défaut d'information du patient quand le médecin débordé dispose de trois minutes par consultation ?

Le second écueil, inverse, consisterait à se réfugier derrière les contraintes matérielles pour maintenir une forme d'irresponsabilité de fait. Admettre que « le contexte est difficile » ne saurait justifier la négligence, l'incompétence, ou l'absence de compassion. La pauvreté des moyens n'autorise pas la pauvreté du soin. Le droit de la responsabilité médicale doit donc trouver un point d'équilibre : exigeant quant aux principes (obligation de moyens consciencieux, respect de la dignité du patient, transparence), compréhensif quant aux conditions d'exercice (prise en compte des contraintes matérielles, absence de garantie de résultat sauf exception).

Notre conviction, qui guide l'ensemble de l'analyse, est que cet équilibre ne peut être trouvé que par la conjonction de trois leviers complémentaires. Le premier levier est normatif : achever la construction du cadre juridique par l'adoption d'une loi sur les droits des patients et de décrets d'application précis pour la Loi n° 2024-240. Le deuxième levier est institutionnel : renforcer les capacités de l'Ordre des Médecins et des ordres paramédicaux, créer des juridictions spécialisées en contentieux médical, développer l'expertise judiciaire médicale. Le troisième levier est assurantiel : généraliser la couverture RCP, créer un fonds de garantie pour les accidents non fautifs, développer une culture de gestion des risques dans les établissements de santé.

Ces trois leviers supposent, en amont, un effort massif de formation juridique des professionnels de santé. Une étude récente menée au CHU de Bouaké (Ebouat et al., 2024) révèle que la grande majorité des médecins interrogés présentent des connaissances insuffisantes sur les règles de la responsabilité médicale. Un praticien qui ignore ses obligations juridiques ne peut ni les respecter ni s'en défendre efficacement en cas de contentieux. L'enseignement du droit médical, actuellement marginal dans les facultés de médecine ivoiriennes, doit être substantiellement renforcé et étendu à l'ensemble des professions de santé.

En contribuant, par cet ouvrage, à la diffusion d'une connaissance rigoureuse du droit positif de la responsabilité médicale, nous espérons armer intellectuellement les praticiens face aux défis juridiques contemporains, éclairer les décideurs politiques et administratifs dans leurs choix normatifs, et fournir aux chercheurs et étudiants un outil de référence pour des travaux futurs. Si, au terme de ce parcours analytique, le lecteur a acquis une vision claire et systémique des enjeux de la responsabilité médicale en Côte d'Ivoire, ainsi qu'une conscience aiguë des lacunes à combler, nous considérerons que notre objectif est atteint.

Puisse cet ouvrage contribuer, à sa mesure, à l'édification d'un système de santé ivoirien où la qualité technique des soins s'allie au respect des droits des patients, où la responsabilisation des praticiens n'étouffe pas l'audace thérapeutique, et où la judiciarisation des rapports médicaux reste un recours exceptionnel plutôt qu'un mode normal de régulation. Telle est l'« Alliance thérapeutique » renouvelée que nous appelons de nos vœux, et dont les fondements juridiques constituent la trame de ce livre.

PARTIE I
GENÈSE ET ÉVOLUTION MONDIALE DE LA RESPONSABILITÉ MÉDICALE

CHAPITRE 1
FONDATIONS ANTIQUES DE LA RESPONSABILITÉ MÉDICALE

Du talion babylonien à la faute romaine : genèse d'une régulation juridique

La question de la responsabilité du soignant ne constitue pas une invention contemporaine liée à la judiciarisation moderne de la médecine. Dès que les premières civilisations urbaines ont organisé la pratique médicale comme activité sociale spécialisée, s'est posée la nécessité de déterminer les conditions dans lesquelles le praticien devait répondre de l'échec thérapeutique ou du dommage causé au patient. Quatre systèmes juridiques de l'Antiquité méditerranéenne et proche-orientale ont jeté les bases conceptuelles de la responsabilité médicale telle qu'elle sera comprise jusqu'à l'époque contemporaine. Le Code d'Hammourabi babylonien (vers 1750 av. J.-C.), la médecine égyptienne pharaonique (IIIe-IIe millénaire av. J.-C.), le Serment d'Hippocrate grec (vers 400 av. J.-C.) et la Lex Aquilia romaine (vers 286 av. J.-C.) illustrent une évolution juridique fondamentale : le passage progressif d'une responsabilité objective, fondée sur le seul résultat dommageable, vers une responsabilité subjective, fondée sur la faute du praticien. Cette mutation conceptuelle, opérée dans le droit romain et cristallisée dans la législation aquilienne, constituera le socle sur lequel s'édifieront le Code civil français de 1804 et, par filiation coloniale directe, le Code civil ivoirien. Comprendre ces racines antiques permet d'éclairer les enjeux contemporains de la mise en cause des professionnels de santé en Côte d'Ivoire et d'inscrire le contentieux médical ivoirien dans une longue tradition juridique universelle dont la cohérence traverse près de quatre millénaires.

1.1. Le Code d'Hammourabi : responsabilité objective et talion gradué

Découvert en 1901-1902 à Suse par la mission archéologique française de Jacques de Morgan, le Code d'Hammourabi constitue le premier témoignage juridique connu d'une régulation de la pratique médicale. Gravé sur une stèle de basalte noir de 2,25 mètres conservée au musée du Louvre, ce recueil de 282 articles promulgué par Hammourabi, sixième roi de la première dynastie de Babylone (règne estimé de 1792 à 1750 avant notre ère), ne constitue pas un code au sens moderne du terme. Il s'agit plutôt d'une collection de décisions royales et de précédents jurisprudentiels destinée à proclamer la sagesse et la justice du souverain. Parmi ces dispositions, les articles 215 à 223 traitent spécifiquement de la médecine et de la chirurgie, établissant un système de responsabilité dont la rigueur extrême frappe encore aujourd'hui les commentateurs. L'analyse de ce système babylonien révèle une conception radicalement différente de la responsabilité médicale par rapport au droit moderne : là où le droit contemporain sanctionne la faute du praticien, le Code d'Hammourabi sanctionne le résultat dommageable lui-même, indépendamment de tout comportement fautif. Cette responsabilité objective, fondée sur le seul échec thérapeutique, témoigne d'une époque où la médecine n'était pas encore conçue comme un art incertain soumis à l'aléa, mais comme une technique devant garantir un résultat déterminé.

L'article 218 du Code, dans la traduction de référence établie par l'assyriologue belge André Finet, énonce une prescription d'une brutalité saisissante : « Si un médecin a pratiqué sur un homme libre une opération difficile avec le bistouri de bronze et a fait mourir cet homme, ou bien s'il a ouvert l'arcade sourcilière d'un homme libre avec le bistouri de bronze et a détruit l'œil de cet homme, on coupera ses mains. » La sanction corporelle — l'amputation des mains du praticien — ne répond à aucune exigence de faute caractérisée, d'imprudence ou de négligence. Le simple fait que l'intervention chirurgicale ait entraîné la mort du patient ou la perte de son œil suffit à déclencher la responsabilité pénale du médecin. Cette logique juridique relève d'une responsabilité purement objective : seul le résultat dommageable importe, indépendamment de la qualité technique de l'acte médical ou des circonstances de sa réalisation. Un chirurgien parfaitement compétent, ayant pratiqué l'opération avec toute la diligence requise par les connaissances de l'époque, se trouve néanmoins passible d'amputation si le patient décède ou perd la vue. Le Code ne prévoit aucune excuse absolutoire liée à la difficulté du cas, à l'urgence de l'intervention ou à l'état préalable du malade.

Cette rigueur extrême se module toutefois selon la stratification sociale caractéristique de la société babylonienne. Le système juridique hammourabien distingue trois classes de personnes — l'awīlum (homme libre de plein droit), le muškēnum (homme libre de rang inférieur, généralement dépendant du palais royal), et le wardum (esclave) — et fait varier la sanction en fonction du statut de la victime. L'article 219 prolonge ainsi la logique de l'article 218 en l'appliquant au patient de condition inférieure : « Si un médecin a pratiqué sur le fils d'un homme libre [muškēnum] une opération difficile avec le bistouri de bronze et l'a fait mourir, il rendra esclave pour esclave. » La peine corporelle se mue en compensation patrimoniale : le médecin devra fournir un esclave en remplacement de la victime décédée. De même, l'article 220 prévoit que si le médecin a détruit l'œil d'un muškēnum, il paiera en argent la moitié de son prix. Cette différenciation tarifaire traduit une hiérarchie sociale rigide où la vie et l'intégrité physique d'un homme ne valent pas selon sa seule qualité d'être humain, mais selon son rang dans l'organisation politique et économique de la cité.

Le Code ne se limite pas à sanctionner l'échec thérapeutique ; il réglemente également la rémunération du médecin en cas de succès. Les articles 215 à 217 établissent une tarification différenciée : dix sicles d'argent pour avoir sauvé la vie ou l'œil d'un homme libre, cinq sicles pour un muškēnum, deux sicles pour un esclave (somme payable par le maître). Cette structure économique révèle un mécanisme d'incitation paradoxal : le médecin n'est rémunéré qu'en cas de succès, ce qui l'encourage à refuser les cas trop graves pour éviter le risque d'échec. Parallèlement, la menace de l'amputation des mains en cas de décès d'un patient de haute condition devait logiquement conduire les praticiens à décliner les interventions chirurgicales dangereuses, privant ainsi les malades des soins nécessaires. Les historiens de la médecine babylonienne ont d'ailleurs constaté que malgré l'existence d'une pratique chirurgicale effective (trépanations, opérations de la cataracte attestées par l'archéologie), celle-ci semble être demeurée limitée, probablement en raison de cette contrainte juridique excessive.

L'analyse juridique du système hammourabien fait ressortir trois caractéristiques structurantes qui le distinguent radicalement du droit moderne. Premièrement, la responsabilité objective du praticien méconnaît l'aléa thérapeutique fondamental : en médecine comme en chirurgie, il existe toujours une probabilité d'échec indépendante de la compétence du soignant. Un patient peut décéder malgré une intervention techniquement irréprochable, en raison de complications imprévisibles, de fragilités physiologiques individuelles ou simplement de l'insuffisance des connaissances médicales de l'époque. Sanctionner le médecin pour le seul résultat négatif revient à nier cette incertitude intrinsèque à l'acte de soins. Deuxièmement, l'application du principe du talion — amputation des mains du médecin en réponse à la mort causée — traduit une conception punitive et vindicative de la responsabilité, visant davantage à satisfaire un besoin de vengeance sociale qu'à réparer le dommage subi par la victime ou ses ayants droit. Troisièmement, la modulation de la peine selon le statut social de la victime révèle une justice inégalitaire, étrangère au principe moderne d'égalité devant la loi consacrée par le Code civil ivoirien. L'égalité de traitement juridique, indépendamment de la classe sociale, constitue en effet l'un des acquis fondamentaux de la Révolution française de 1789, transmis au droit ivoirien par la colonisation.

Malgré ces défauts manifestes, le Code d'Hammourabi établit un précédent historique d'importance capitale : la reconnaissance d'une responsabilité professionnelle spécifique au médecin. En distinguant l'acte médical d'autres activités, en fixant des honoraires réglementés et en sanctionnant les échecs, Hammourabi pose les jalons d'une régulation publique de la santé. Cette intuition — le médecin exerce une fonction sociale nécessitant un contrôle juridique — perdurera jusqu'à nos jours et trouvera sa traduction moderne dans l'existence des ordres professionnels, dont l'Ordre national des médecins de Côte d'Ivoire créé par la loi n° 60-284 du 10 septembre 1960 et réorganisé par la loi n° 2021-555 du 27 septembre 2021.

1.2. La médecine égyptienne : responsabilité lege artis et protocoles écrits

La médecine de l'Égypte pharaonique, connue par plusieurs papyrus médicaux dont les plus célèbres sont le papyrus Edwin Smith (vers 1600 av. J.-C., copie d'un original remontant à environ 3000 av. J.-C.) et le papyrus

Ebers (vers 1550 av. J.-C.), révèle une organisation professionnelle hautement structurée. Le papyrus Edwin Smith, long de 4,68 mètres, décrit 48 cas de traumatismes selon une méthodologie systématique (examen, diagnostic, traitement) et constitue le premier traité chirurgical connu. Le papyrus Ebers, d'une longueur de 110 pages, recense 877 paragraphes consacrés à plus de 700 substances médicinales. Ces documents témoignent d'une médecine reposant sur l'accumulation et la transmission du savoir, où les praticiens — appelés *sounou* (médecins) ou *ouabou* (prêtres-médecins) — suivent des protocoles diagnostiques et thérapeutiques précis. La figure emblématique de cette médecine est Imhotep (vers 2650 av. J.-C.), vizir du pharaon Djéser, architecte de la pyramide à degrés de Saqqarah, et médecin, qui sera divinisé après sa mort et assimilé au dieu grec Asclépios.

Le régime de responsabilité qui accompagnait cette pratique médicale nous est connu par un témoignage tardif mais capital : celui de l'historien grec Diodore de Sicile (Ier siècle av. J.-C.), qui rapporte dans sa *Bibliothèque historique* que les médecins égyptiens suivaient un régime fixé par la loi, établi d'après les écrits des médecins les plus illustres des temps anciens. Selon Diodore, si, en suivant les règles des livres sacrés, ils ne pouvaient sauver le malade, ils étaient absous de tout blâme ; mais s'ils agissaient contrairement à ce qui était écrit, ils étaient jugés passibles de la peine capitale, le législateur ayant estimé que peu d'hommes pourraient se montrer plus sages que le traitement établi durant tant d'années par des personnages éminents. Ce passage établit un principe juridique radicalement différent du Code d'Hammourabi : la responsabilité *lege artis*, c'est-à-dire selon les règles de l'art. Le médecin égyptien n'est pas sanctionné pour l'échec thérapeutique en soi, mais uniquement s'il a dérogé aux protocoles écrits. Cette évolution conceptuelle majeure introduit la notion de faute par impéritie : la transgression des règles professionnelles établies.

Le système égyptien, tel que décrit par Diodore, présente trois caractéristiques structurantes qui annoncent des développements juridiques ultérieurs. Premièrement, la codification des actes médicaux dans des « livres sacrés » implique une médecine normalisée, reposant sur l'accumulation et la transmission du savoir. Cette approche préfigure les référentiels de bonnes pratiques cliniques contemporains, dont la Haute Autorité de santé française produit des exemples réguliers et que le ministère de la Santé ivoirien commence à élaborer dans le cadre de la politique de qualité des soins. Deuxièmement, l'exonération conditionnelle du médecin qui suit scrupuleusement les protocoles reconnaît implicitement l'aléa thérapeutique — la possibilité d'un échec malgré une conduite irréprochable. Cette reconnaissance représente une avancée considérable par rapport au système babylonien : le droit admet que la médecine n'est pas une science exacte, qu'un patient peut mourir même entre les mains du meilleur praticien suivant les meilleurs traitements connus. Troisièmement, la sanction de l'innovation non autorisée — peine capitale pour celui qui agit contrairement aux écrits — vise à préserver l'orthodoxie médicale et à empêcher les expérimentations hasardeuses. Cette sévérité extrême traduit la sacralisation du savoir médical, conçu comme révélation divine plutôt que comme connaissance empirique sujette à révision.

Le contraste avec le système hammourabien apparaît saisissant : tandis que le droit babylonien sanctionne le résultat (mort ou cécité), le droit égyptien sanctionne le comportement — le non-respect des normes professionnelles. Cette mutation — du résultat vers le comportement — constitue un progrès juridique fondamental. Elle introduit l'idée que la responsabilité médicale doit s'apprécier au regard de critères professionnels objectifs, et non au seul vu de l'issue du traitement. Cette conception trouve sa traduction moderne dans la formule jurisprudentielle française établie par l'arrêt Mercier de la Cour de cassation du 20 mai 1936, selon laquelle le médecin doit donner des soins « consciencieux, attentifs et, réserve faite de circonstances exceptionnelles, conformes aux données acquises de la science ». Le Code de déontologie médicale ivoirien (loi n° 62-248 du 31 juillet 1962) reprend cette exigence à son article 28 en disposant que « le médecin doit à la personne qu'il examine, qu'il soigne ou qu'il conseille une information loyale, claire et appropriée sur son état, les investigations et les soins qu'il lui propose ».

Deux réserves s'imposent néanmoins quant au modèle égyptien. Premièrement, le témoignage de Diodore de Sicile est tardif — plus de mille ans après la période pharaonique classique dont il prétend décrire le fonctionnement — et porte sur une époque où la médecine égyptienne déclinait sous domination ptolémaïque. Sa fiabilité historique reste donc sujette à caution, d'autant que les papyrus médicaux eux-mêmes ne mentionnent aucune disposition relative à la responsabilité des praticiens. Il est possible que Diodore ait idéalisé ou mal compris les pratiques médicales égyptiennes, projetant sur elles des conceptions grecques ultérieures. Deuxièmement, la rigidité des protocoles écrits, si elle protège le médecin obéissant, inhibe l'innovation thérapeutique. Une médecine figée dans des « livres sacrés » immuables ne peut progresser : l'interdiction d'expérimenter de nouveaux traitements condamne les patients à subir des thérapeutiques inefficaces perpétuées par la tradition. Le droit médical moderne a résolu cette tension en instaurant des procédures d'essais cliniques encadrés, permettant l'innovation tout en protégeant les patients, comme le prévoient les bonnes pratiques de l'Organisation mondiale de la santé auxquelles la Côte d'Ivoire a adhéré.

Malgré ces limites, le modèle égyptien — réel ou reconstruit — pose un principe durable : la responsabilité du médecin s'apprécie au regard de sa conformité aux règles de l'art reconnues. Cette idée, transmise à travers les civilisations, irriguera le droit romain et, à travers lui, le droit médical moderne.

1.3. Le Serment d'Hippocrate : fondation éthique de la médecine occidentale

Hippocrate de Cos (vers 460-370 av. J.-C.), considéré comme le père de la médecine, a révolutionné la pratique médicale en la déconnectant de la magie et de la religion pour en faire une discipline rationnelle fondée sur l'observation clinique. Issu de la famille des Asclépiades (descendants mythiques du dieu guérisseur Asclépios), Hippocrate a enseigné à Cos et voyagé dans tout le monde grec. Le corpus hippocratique, ensemble d'environ soixante traités médicaux rédigés entre le Ve siècle avant notre ère et le IIe siècle après notre ère, constitue la première bibliothèque médicale systématique de l'Occident. Ces textes, d'auteurs multiples, ne sont pas tous d'Hippocrate lui-même, mais reflètent l'école de pensée hippocratique. Parmi ces traités figurent des œuvres majeures dont Airs, eaux, lieux (médecine environnementale), Épidémies (observations cliniques), Du régime dans les maladies aiguës, Des articulations et Des fractures.

Le Serment d'Hippocrate, probablement rédigé au IVe siècle avant notre ère, constitue le fondement éthique de la profession médicale occidentale. Ce texte court mais dense établit quatre piliers de l'éthique médicale qui traverseront les siècles. Le principe de non-malfaisance, formulé dans les Épidémies par la maxime « être utile ou du moins ne pas nuire », fonde la responsabilité morale du médecin : avant de chercher à guérir, il doit éviter d'aggraver l'état du patient. Toute intervention doit être pesée en fonction de son rapport bénéfice-risque, principe qui demeure central dans la médecine contemporaine et qui justifie juridiquement l'exigence de proportionnalité des soins. L'interdiction de donner la mort (refus de remettre du poison) et de pratiquer l'avortement (refus de fournir un pessaire abortif) traduit le respect de la vie humaine comme valeur absolue. Dans la Grèce antique, où l'infanticide et l'avortement étaient courants, le Serment impose au médecin une abstention stricte. Cette prohibition demeure controversée dans le contexte moderne : l'interruption volontaire de grossesse est légalisée dans de nombreux pays, y compris la France (loi Veil de 1975), et autorisée sous conditions thérapeutiques en Côte d'Ivoire. Le Serment de Genève, adopté par l'Association médicale mondiale en 1948 et révisé en 2017, a supprimé cette interdiction absolue, adaptant le serment hippocratique aux réalités contemporaines.

Le secret professionnel constitue le troisième pilier éthique hippocratique. La formule « je tairai ce qui n'a jamais besoin d'être divulgué » établit le secret médical comme devoir déontologique fondamental : le médecin reçoit les confidences du patient dans le cadre de la relation thérapeutique ; il est tenu de ne pas les révéler, sous peine de trahir la confiance placée en lui. Ce principe traverse les siècles sans altération majeure. L'article 4 du Code de déontologie médicale ivoirien dispose : « Le secret professionnel s'impose à tout médecin dans les conditions établies par la loi. Il couvre tout ce qui est venu à la connaissance du médecin dans l'exercice de sa profession, c'est-à-dire non seulement ce qui lui a été confié, mais aussi ce qu'il a vu, entendu ou compris. » L'article 383 du Code pénal ivoirien (loi n° 81-640 du 31 juillet 1981), remplacé par les articles 444-448 du Code Pénal de 2019 sanctionne pénalement la violation du secret professionnel par un emprisonnement de un à six mois et une amende de 50 000 à 500 000 francs. Cette double sanction — déontologique et pénale — témoigne de l'importance fondamentale accordée au secret médical dans l'ordre juridique ivoirien. Enfin, l'engagement de « passer sa vie dans l'innocence et la pureté », de se préserver « de tout méfait volontaire et corrupteur », traduit une exigence de probité morale. Le médecin doit être digne de la confiance qu'on lui accorde. L'interdiction de séduction (abus sexuel sur patients) anticipe les règles déontologiques modernes prohibant les relations intimes médecin-patient.

Le Serment d'Hippocrate ne constitue pas un texte juridique au sens strict : il ne définit ni sanctions, ni procédures, ni juridictions compétentes. Il s'agit d'un engagement moral souscrit volontairement par le médecin devant les dieux et ses pairs. Sa force réside dans son caractère sacralisé (invocation divine) et communautaire (appartenance à la confrérie médicale). Néanmoins, le Serment a exercé une influence juridique indirecte considérable. Les principes qu'il énonce — non-malfaisance, secret, probité — ont été progressivement incorporés dans les codes de déontologie médicale et les législations nationales. Le modèle hippocratique établit que la responsabilité médicale n'est pas seulement juridiquc, mais d'abord éthique : le médecin répond de ses actes devant sa conscience, sa profession, et la société. Cette conception duale de la responsabilité — morale et juridique — perdure dans le droit moderne. La loi n° 2024-240 du 24 avril 2024 portant exercice de la médecine en Côte d'Ivoire dispose en son article 3 que « le médecin exerce sa mission dans le respect de la vie humaine et de la personne », reprenant ainsi l'exigence éthique hippocratique tout en l'inscrivant dans un cadre juridique contraignant assorti de sanctions.

1.4. La Lex Aquilia romaine : matrice de la responsabilité pour faute

La *Lex Aquilia*, plébiscite voté vers 286 avant notre ère à l'initiative du tribun Aquilius, constitue la matrice du droit moderne de la responsabilité civile délictuelle. Ce texte romain a abrogé les anciennes lois sur le dommage pour établir un régime unifié, applicable à toute personne ayant causé un préjudice à autrui. Le principe central de la Lex Aquilia réside dans la formule damnum iniuria datum : dommage causé injustement. Ce concept tripartite exige un dommage (damnum), une injustice (iniuria, acte contraire au droit), et un lien de causalité (datum). Les jurisconsultes romains ont étendu l'application de cette loi à la responsabilité médicale, élaborant ainsi la première théorie juridique de la faute médicale fondée non sur le résultat, mais sur le comportement du praticien.

Plusieurs fragments du Digeste de Justinien, compilé au VIe siècle après notre ère mais reproduisant des textes de juristes classiques des IIe et IIIe siècles, témoignent de cette évolution. Le jurisconsulte Ulpien (vers 170-223), citant Proculus (Ier siècle), écrit : « Si un médecin a opéré un esclave sans compétence (imperite) et que celui-ci est mort soit du médicament, soit de l'incision chirurgicale, il est considéré comme l'ayant tué injustement. » Ce fragment établit un principe fondamental : le médecin engage sa responsabilité aquilienne en cas d'incompétence (imperitia). L'échec thérapeutique n'est pas en lui-même fautif, mais il le devient si le médecin a agi imperite, c'est-à-dire sans la compétence requise. La formule latine imperitia culpae adnumeratur (l'incompétence est assimilée à la faute) deviendra un adage du droit médical. Le jurisconsulte Gaius (IIe siècle) ajoute que si un médecin a opéré un esclave et a cessé de le soigner, il est considéré comme ayant agi injustement. Ce passage sanctionne l'abandon de soins : le médecin qui interrompt le traitement engage sa responsabilité. L'obligation médicale ne se limite pas à l'acte technique initial, mais inclut le suivi post-opératoire. Enfin, le Digeste précise qu'un chirurgien qui a opéré un esclave, a cessé de le soigner, et dont le patient est mort, commet une faute soit par incompétence (imperitia), soit par négligence (neglegentia).

Cette distinction entre imperitia (défaut de compétence technique, ignorance des règles de l'art) et neglegentia (manquement au devoir de diligence, inattention, imprudence) préfigure la typologie moderne des fautes médicales. Le droit romain a élaboré une gradation de la faute en trois niveaux : la faute lourde (culpa lata), équivalente au dol et assimilable à l'intention de nuire ; la faute légère (culpa levis), manquement au standard de l'homme raisonnable et diligent ; la faute très légère (culpa levissima), négligence infime ne répondant pas aux exigences d'une diligence exceptionnelle. En matière médicale, les jurisconsultes romains ont généralement appliqué le critère de la faute légère appréciée objectivement : le médecin doit se comporter comme le ferait un médecin raisonnablement compétent et diligent dans les mêmes circonstances. Ce standard objectif évite l'arbitraire et garantit la prévisibilité juridique. Il sera repris par le Code civil français à travers la figure du « bon père de famille », puis transposé au droit ivoirien où l'article 1383 du Code civil dispose : « Chacun est responsable du dommage qu'il a causé non seulement par son fait, mais encore par sa négligence ou par son imprudence. »

La transmission de la Lex Aquilia au droit moderne s'est opérée par étapes successives. Redécouverte au XIe siècle par les Glossateurs de l'Université de Bologne, qui ont restauré l'étude du droit romain justinien, la législation aquilienne a été systématisée au XVIIe siècle par les juristes français Jean Domat (Les loix civiles dans leur ordre naturel, 1689) et Robert-Joseph Pothier (Traité des obligations, 1761). Ces auteurs ont intégré les principes aquiliens dans la doctrine civiliste française, posant les bases de la responsabilité civile moderne. Lors de la rédaction du Code civil français de 1804, les commissaires (Tronchet, Portalis, Bigot de Préameneu, Maleville) se sont directement inspirés de la Lex Aquilia pour rédiger les articles 1382 et 1383, devenus articles 1240 et 1241 après la réforme de 2016. L'article 1382 énonce : « Tout fait quelconque de l'homme, qui cause à autrui un dommage, oblige celui par la faute duquel il est arrivé à le réparer. » Cette formulation reproduit la structure aquilienne : fait humain, dommage, faute, causalité. Le Code civil ivoirien, transposition du Code napoléonien dans le cadre de la colonisation française, perpétue cette filiation juridique bimillénaire. Ainsi, lorsque le juge ivoirien applique l'article 1382 du Code civil à un contentieux de responsabilité médicale, il mobilise sans nécessairement en avoir conscience une construction juridique romaine vieille de plus de deux mille ans.

Cette continuité juridique présente une importance pratique considérable pour le droit ivoirien contemporain. La jurisprudence française en matière de responsabilité médicale, dont l'arrêt Mercier de 1936 constitue la pierre angulaire, s'inscrit dans cette tradition aquilienne. La Cour de cassation française a reconnu en 1936 que la relation médecin-patient constitue un contrat comportant pour le praticien l'engagement de donner des soins « consciencieux, attentifs et, réserve faite de circonstances exceptionnelles, conformes aux données acquises de la science ». Cette formule, qui distingue l'obligation de moyens (soins consciencieux) de l'obligation de résultat (guérison), reprend la distinction romaine entre la faute (comportement du médecin) et le dommage (résultat négatif). En l'absence de jurisprudence ivoirienne publiée en matière de responsabilité médicale, les juges ivoiriens peuvent s'inspirer de cette construction jurisprudentielle française, elle-même héritière du droit romain, pour appliquer les articles 1382 et 1383 du Code civil ivoirien aux litiges médicaux. Cette filiation intellectuelle démontre que le droit médical ivoirien, loin d'être une création ex nihilo, s'inscrit dans une tradition juridique universelle dont les racines plongent dans l'Antiquité méditerranéenne.

CHAPITRE 2
ÉVOLUTION MÉDIÉVALE ET MODERNE DE LA RESPONSABILITÉ MÉDICALE

Du droit canonique aux corporations : genèse du droit médical européen

La chute de l'Empire romain d'Occident en 476 marque un tournant dans l'histoire du droit médical européen. Les invasions barbares et la déstructuration des institutions impériales entraînent la disparition progressive de la médecine scientifique gréco-romaine en Europe occidentale, remplacée par une médecine monastique dominée par l'Église catholique. Durant près de cinq siècles (VIe-Xe siècles), la pratique médicale demeure principalement empirique et superstitieuse, exercée par des moines dans les infirmeries monastiques ou par des guérisseurs itinérants dépositaires de traditions orales. La renaissance intellectuelle amorcée au XIe siècle avec la fondation des premières universités médiévales et la redécouverte des textes antiques grâce aux traductions arabes et byzantines permet une réémergence progressive d'une médecine rationnelle. Cette période médiévale voit l'élaboration d'un nouveau cadre juridique de la responsabilité médicale, fondé sur deux piliers complémentaires : le droit canonique, qui régit la dimension morale et sacramentelle de l'acte médical, et le droit corporatif, qui organise l'exercice professionnel à travers les guildes et les facultés de médecine. L'époque moderne (XVIe-XVIIIe siècles) prolonge cette double structuration tout en l'enrichissant d'une intervention croissante de l'État royal absolutiste, qui réglemente l'exercice médical par voie d'ordonnances et d'édits. Cette évolution culmine avec le

Code civil français de 1804, qui codifie définitivement les principes de responsabilité civile délictuelle hérités du droit romain et les applique à la médecine, créant ainsi le cadre juridique moderne qui sera transposé dans les colonies françaises d'Afrique, dont la Côte d'Ivoire.

2.1. Le droit canonique médiéval et la régulation ecclésiastique de la médecine

L'Église catholique médiévale exerce un quasi-monopole sur l'organisation de la santé en Europe occidentale entre le VIe et le XIIIe siècle. Les monastères bénédictins, cisterciens et augustins maintiennent des infirmeries où les moines soignent leurs confrères et parfois les populations environnantes. Cette médecine monastique, héritière partielle de la tradition hippocratique par l'intermédiaire de compilations latines tardives comme les Etymologiae d'Isidore de Séville (vers 630), associe prescriptions pharmaceutiques tirées des herbiers antiques et prières d'intercession divine. Le Concile de Clermont de 1130 interdit formellement aux moines de pratiquer la médecine en dehors de leurs monastères, afin de préserver la clôture monastique et d'éviter les dérives mercantiles. Cette prohibition n'empêche pas les clercs séculiers, notamment les chanoines, de continuer à soigner moyennant rétribution. Le IVe Concile du Latran de 1215 franchit une étape supplémentaire en interdisant aux clercs la pratique de la chirurgie impliquant effusion de sang, au motif que l'Église réprouve la violence corporelle. Cette décision, souvent résumée par l'adage apocryphe Ecclesia abhorret a sanguine (l'Église a horreur du sang), provoque une séparation durable entre la médecine savante, enseignée dans les facultés universitaires et pratiquée par des docteurs en médecine généralement clercs, et la chirurgie, exercée par des artisans laïcs organisés en corporations.

Le droit canonique médiéval développe une conception spécifique de la responsabilité médicale fondée sur la notion de péché. Le médecin qui cause la mort d'un patient par négligence ou incompétence commet un péché d'homicide involontaire, passible de pénitence ecclésiastique. Les pénitentiels, recueils disciplinaires édictés par les évêques pour guider les confesseurs, prévoient des pénitences graduées selon la gravité de la faute : jeûnes prolongés, pèlerinages expiatoires, interdiction temporaire d'exercer. Cette approche pénale et religieuse de la responsabilité médicale coexiste avec les mécanismes de réparation civile hérités du droit romain, qui continuent à s'appliquer dans les régions de droit écrit (Midi de la France, Italie, Espagne). Le droit canonique médiéval développe une approche spécifique de la responsabilité médicale fondée sur la notion de péché. Les pénitentiels, recueils disciplinaires édictés par les évêques pour guider les confesseurs, traitent expressément du cas du médecin négligent. Ainsi, le médecin qui administre un remède et cause la mort du patient doit être soumis à pénitence même s'il n'a pas eu l'intention de tuer, dès lors qu'il a agi avec négligence ou imprudence. Cette conception, qui assimile la faute médicale grave à un péché d'homicide involontaire, reprend le principe romain de responsabilité pour faute tout en l'inscrivant dans un cadre sacramentel : la faute médicale constitue à la fois un délit civil réparable par dommages et intérêts devant les juridictions séculières, et un péché mortel expié par la pénitence ecclésiastique. Le IVe Concile du Latran de 1215, dans son canon 18 (Sententiam sanguinis), confirme cette articulation entre juridictions civile et ecclésiastique en interdisant aux clercs de pratiquer la chirurgie impliquant effusion de sang, tout en laissant aux tribunaux laïcs le soin de juger les fautes médicales des praticiens séculiers.

L'influence du droit canonique sur la responsabilité médicale se manifeste également à travers la doctrine du cas de conscience. Les théologiens moralistes, notamment Thomas d'Aquin (1225-1274) dans sa Somme théologique, examinent les obligations morales du médecin et les conditions de licéité de son intervention. Thomas établit qu'un médecin qui entreprend de soigner un malade sans posséder la science suffisante commet un péché mortel d'imprudence, car il expose autrui à un danger de mort. Inversement, le médecin compétent qui, malgré tous ses soins, ne parvient pas à sauver le patient, n'encourt aucune culpabilité morale ni juridique, l'issue fatale relevant de la volonté divine. Cette distinction entre la faute d'impéritie (défaut de compétence) et l'aléa thérapeutique (échec malgré une conduite diligente) préfigure la jurisprudence moderne et sera reprise par les tribunaux civils français à partir du XVIIe siècle. Le droit canonique contribue ainsi à affiner la théorie de la faute médicale en introduisant une analyse subjective de la responsabilité : le médecin doit être jugé non seulement au regard du résultat dommageable, mais surtout au regard de sa conduite avant et pendant l'intervention. Cette approche psychologisante de la responsabilité, centrée sur l'intention et la diligence du praticien, marque une rupture définitive avec le système objectif du Code d'Hammourabi.

2.2. Les corporations médicales et la police sanitaire urbaine (XIIIe-XVIIe siècles)

La renaissance urbaine et commerciale des XIIe-XIIIe siècles transforme profondément l'organisation de la médecine en Europe occidentale. L'essor démographique, le développement des villes et l'enrichissement de la bourgeoisie marchande créent une demande accrue de services médicaux. Deux institutions nouvelles émergent pour structurer l'offre de soins : les facultés de médecine universitaires, qui délivrent les grades académiques de bachelier, licencié et docteur en médecine, et les corporations ou guildes de chirurgiens et d'apothicaires, qui contrôlent l'exercice des métiers paramédicaux. Cette dualité institutionnelle reflète la stratification sociale médiévale : la médecine savante, enseignée en latin dans les universités de Paris, Montpellier, Bologne ou Padoue, constitue un art libéral réservé à une élite cléricale ; la chirurgie et la pharmacie, considérées comme arts mécaniques, demeurent des activités artisanales réglementées par les autorités municipales. La faculté de médecine de Paris, fondée en 1220, obtient en 1271 du roi Louis IX le monopole de collation des grades médicaux pour tout le royaume de France. Ce privilège royal confère aux docteurs régents de la faculté un pouvoir de police sanitaire considérable : ils inspectent les apothicaires, poursuivent les empiriques exerçant sans diplôme, et jugent en première instance les litiges relatifs à la pratique médicale.

Les statuts des corporations de chirurgiens, promulgués par les autorités municipales ou royales, définissent les conditions d'accès à la profession et les obligations des praticiens. Les Établissements de Saint Louis (vers 1270) mentionnent les chirurgiens parmi les métiers jurés de Paris. Le statut de 1311 des chirurgiens parisiens, confirmé par lettres patentes du roi Philippe le Bel, impose un apprentissage de quatre ans chez un maître chirurgien, suivi d'un examen de compétence devant les jurés de la corporation. Cette réglementation vise à garantir la qualification professionnelle des praticiens et à prévenir les fautes d'impéritie. Le chirurgien reçu maître jure de respecter les règles de l'art, de ne pas entreprendre d'opérations au-delà de sa compétence, et de consulter un médecin dans les cas difficiles. Ces statuts corporatifs créent un système de responsabilité professionnelle fondé sur la discipline interne : le maître chirurgien qui commet une faute grave peut être radié de la corporation par décision des jurés, ce qui lui interdit d'exercer dans la ville. Cette sanction disciplinaire s'ajoute aux poursuites civiles ou pénales que la victime ou sa famille peuvent intenter devant les juridictions royales ou seigneuriales.

La jurisprudence des tribunaux royaux français aux XIVe-XVe siècles développe une casuistique de la responsabilité médicale inspirée du droit romain et du droit canonique. Le Parlement de Paris, juridiction suprême du royaume, juge en appel les affaires de responsabilité médicale et fixe progressivement les critères de la faute. Un arrêt célèbre de 1390 condamne un chirurgien parisien à verser des dommages et intérêts à la veuve d'un patient décédé des suites d'une saignée mal pratiquée. Le Parlement retient la faute d'imprudence : le chirurgien a sectionné une artère au lieu d'une veine, provoquant une hémorragie mortelle. Cette décision établit que l'erreur technique manifeste, révélatrice d'un défaut de compétence, engage la responsabilité civile du praticien. Inversement, un arrêt de 1447 relaxe un médecin poursuivi pour la mort d'un malade traité pour fièvre tierce, au motif que le traitement prescrit était conforme aux enseignements de Galien et d'Avicenne, références médicales incontestées de l'époque. Le Parlement consacre ainsi le principe de responsabilité lege artis : le médecin qui suit les règles de l'art reconnues ne peut être tenu responsable de l'échec thérapeutique, celui-ci relevant de la volonté divine ou de la nature incurable de la maladie.

Le droit criminel médiéval sanctionne également les fautes médicales les plus graves. L'homicide involontaire par maladresse médicale est puni par les coutumes locales et les ordonnances royales. La Grande Ordonnance criminelle de 1670, promulguée par Louis XIV, codifie la procédure pénale applicable aux médecins et chirurgiens. L'article 10 du titre I impose l'autopsie judiciaire en cas de mort suspecte survenue pendant ou après un traitement médical. Cette expertise médico-légale, confiée à des médecins ou chirurgiens jurés désignés par le juge, vise à établir la cause du décès et à déterminer si le praticien a commis une faute caractérisée. Si l'expertise conclut à une faute lourde (amputation du mauvais membre, prescription de poison par erreur), le médecin encourt une peine afflictive pouvant aller jusqu'aux galères ou à la pendaison. Cette sévérité témoigne de la volonté monarchique d'assurer la sécurité sanitaire des sujets et de réprimer le charlatanisme. Néanmoins, la jurisprudence demeure clémente envers les médecins diplômés : la grande majorité des condamnations pénales frappent des empiriques exerçant sans titre, accusés d'avoir causé la mort de patients par administration de remèdes toxiques ou pratique d'opérations hasardeuses.

2.3. Le siècle des Lumières et la codification du droit médical (XVIIe-XVIIIe siècles)

L'époque moderne voit l'affirmation progressive de l'État absolutiste comme régulateur principal de l'exercice médical. La monarchie française, par une série d'édits et de déclarations royales, entreprend d'unifier et de rationaliser les règles applicables aux médecins, chirurgiens et apothicaires. La Déclaration royale du 25 avril 1707 concernant les médecins, chirurgiens et apothicaires impose l'enregistrement obligatoire des diplômes auprès des tribunaux royaux et interdit l'exercice de la médecine aux personnes non qualifiées. L'Édit de Marly de 1707 fusionne la corporation des chirurgiens de robe longue (chirurgiens savants) et celle des barbiers-chirurgiens (praticiens manuels), créant ainsi une profession chirurgicale unifiée soumise à un examen de compétence commun. Ces réformes visent à élever le niveau de qualification des praticiens et à réduire les risques d'accidents médicaux liés à l'incompétence. La Déclaration royale de 1730 renforce la répression de l'exercice illégal en prévoyant des amendes lourdes et la confiscation des instruments pour les empiriques récidivistes.

Les juristes de l'Ancien Régime, notamment Jean Domat (1625-1696) et Robert-Joseph Pothier (1699-1772), systématisent la théorie de la responsabilité médicale en s'appuyant sur le droit romain et la jurisprudence parlementaire. Domat, dans son ouvrage majeur Les loix civiles dans leur ordre naturel (1689), consacre un développement à la responsabilité des médecins et chirurgiens. Il établit que le médecin contracte une obligation de moyens, non de résultat : « Le médecin qui est appelé pour donner ses soins à un malade, s'oblige à y apporter tous les soins qu'il peut, et toute l'habileté qu'il a ; et s'il y manque, il est tenu du dommage qui en arrive au malade. Mais il ne s'oblige pas de le guérir. » Cette formulation, qui distingue clairement l'obligation de diligence de l'obligation de résultat, sera reprise textuellement par Pothier dans son Traité des obligations (1761) et inspirera directement les rédacteurs du Code civil de 1804. Domat précise que le médecin engage sa responsabilité en trois cas : s'il manque de la science nécessaire et entreprend néanmoins de soigner (faute d'impéritie) ; s'il néglige de donner les soins requis (faute de négligence) ; s'il prescrit un remède dont il connaît les dangers mortels (faute intentionnelle assimilable au dol). Cette typologie des fautes médicales structure encore aujourd'hui l'analyse jurisprudentielle.

Pothier affine la théorie de Domat en distinguant les différents degrés de diligence exigible du médecin selon les circonstances. Dans les contrats à titre gratuit (médecin appelé en urgence sans promesse de rémunération), le praticien ne répond que de la faute lourde, c'est-à-dire de la négligence grossière révélatrice d'une incompétence manifeste. Dans les contrats à titre onéreux (consultation rémunérée), le médecin répond de la faute légère, appréciée par référence au standard du professionnel normalement diligent et compétent. Cette gradation de la responsabilité en fonction de la rémunération sera abandonnée par le Code civil de 1804, qui retiendra un standard unique de responsabilité indépendant de la gratuité ou de l'onérosité de la prestation médicale. Néanmoins, l'apport doctrinal de Pothier demeure considérable : il fixe définitivement le principe selon lequel la responsabilité médicale repose sur la faute subjective, appréciée au regard d'un critère objectif (le comportement d'un médecin normalement prudent et diligent placé dans les mêmes circonstances). Cette construction juridique, directement héritée de la Lex Aquilia romaine et enrichie par la casuistique médiévale et moderne, constitue le socle conceptuel du droit médical contemporain.

2.4. Le Code civil de 1804 et la codification napoléonienne de la responsabilité médicale

La Révolution française de 1789 bouleverse radicalement l'organisation de la médecine en France. Le décret d'Allarde des 2-17 mars 1791 supprime toutes les corporations et guildes, proclamant la liberté du commerce et de l'industrie. Le médecin, le chirurgien et l'apothicaire deviennent des professions libres, accessibles sans examen ni diplôme. Cette déréglementation brutale, inspirée par l'idéologie libérale des Lumières, provoque rapidement une prolifération de charlatans et une dégradation de la qualité des soins. Confronté à cette anarchie sanitaire, le régime napoléonien rétablit la réglementation professionnelle par la loi du 19 ventôse an XI (10 mars 1803) relative à l'exercice de la médecine. Cette loi crée les facultés de médecine impériales, institue le doctorat en médecine comme condition obligatoire d'exercice, et organise les jurys médicaux départementaux chargés de délivrer des autorisations d'exercice aux officiers de santé (praticiens de niveau inférieur destinés aux zones rurales). Le système mis en place en 1803 perdurera jusqu'à la loi du 30 novembre 1892 supprimant l'officiat de santé, et ses principes inspirent encore aujourd'hui la réglementation ivoirienne issue de la loi n° 2024-240 du 24 avril 2024 portant exercice de la médecine.

Le Code civil français, promulgué le 21 mars 1804, codifie les principes de responsabilité civile délictuelle élaborés par la doctrine de l'Ancien Régime. Les articles 1382 et 1383 (devenus articles 1240 et 1241 après la réforme de 2016) énoncent le régime général de la responsabilité pour faute. L'article 1382 dispose : « Tout fait quelconque de l'homme, qui cause à autrui un dommage, oblige celui par la faute duquel il est arrivé à le réparer. » L'article 1383 ajoute : « Chacun est responsable du dommage qu'il a causé non seulement par son fait, mais encore par sa négligence ou par son imprudence. » Ces deux articles, directement inspirés de la *Lex Aquilia* romaine et des formulations de Domat et Pothier, établissent les trois conditions cumulatives de la responsabilité civile : une faute (fait, négligence, imprudence), un dommage (préjudice certain et direct), et un lien de causalité entre la faute et le dommage. Les rédacteurs du Code civil n'ont pas cru nécessaire d'édicter des dispositions spécifiques à la responsabilité médicale, considérant que les articles généraux suffisaient à régir toutes les situations. Cette option législative, radicalement différente de celle retenue par le Code d'Hammourabi qui consacrait des articles distincts aux médecins, traduit la confiance des juristes napoléoniens dans la capacité d'abstraction du droit : une règle générale bien formulée peut s'appliquer à une infinité de cas particuliers sans nécessiter de dispositions sectorielles.

La doctrine civiliste du XIXe siècle applique les articles 1382 et 1383 du Code civil à la responsabilité médicale en précisant les modalités de la preuve et l'étendue de l'obligation du praticien. Les auteurs s'accordent pour reconnaître que la relation médecin-patient constitue un contrat tacite, formé par le seul fait de la consultation. Ce contrat médical comporte pour le praticien une obligation de moyens : il s'engage à donner des soins consciencieux, attentifs et conformes aux données acquises de la science, mais ne garantit pas la guérison. Cette distinction entre obligation de moyens et obligation de résultat, théorisée par René Demogue dans son *Traité des obligations en général* (1923-1933), sera consacrée par la jurisprudence de la Cour de cassation dans l'arrêt Mercier du 20 mai 1936. S'agissant de la preuve, la doctrine majoritaire estime que le patient, demandeur à l'action en responsabilité, doit établir la faute du médecin, le préjudice subi, et le lien de causalité. Cette charge de la preuve, particulièrement lourde en matière médicale où le profane ne dispose pas des connaissances techniques nécessaires pour apprécier la conduite du praticien, sera progressivement allégée par la jurisprudence du XXe siècle à travers la reconnaissance de présomptions de faute dans certaines situations (oubli de compresse, transfusion de sang contaminé, infection nosocomiale).

La transposition du Code civil français dans les colonies d'Afrique s'opère progressivement au cours de la colonisation. En Côte d'Ivoire, colonie française à partir de 1893 et intégrée à l'Afrique occidentale française en 1904, le Code civil français devient applicable aux populations colonisées par un processus juridique complexe. Le décret du 10 novembre 1903 rend applicable en Afrique occidentale française la législation civile et commerciale française, sous réserve d'adaptations locales. Le Code civil ivoirien, promulgué après l'indépendance, reproduit presque textuellement les articles du Code napoléonien, y compris les articles 1382 et 1383 relatifs à la responsabilité civile délictuelle. Cette transposition institutionnalise en Côte d'Ivoire le système de responsabilité médicale pour faute élaboré en France depuis le droit romain. Le juge ivoirien, lorsqu'il applique l'article 1382 du Code civil ivoirien à un litige médical, mobilise donc une tradition juridique bimillénaire transmise par étapes successives : Lex Aquilia romaine, droit canonique médiéval, jurisprudence parlementaire de l'Ancien Régime, doctrine civiliste française, Code civil napoléonien, transposition coloniale. Cette filiation, rarement explicitée dans les décisions de justice, confère au droit médical ivoirien une profondeur historique et une cohérence conceptuelle remarquables.

CHAPITRE 3
LA CONSTRUCTION JURISPRUDENTIELLE FRANÇAISE MODERNE

De l'arrêt Mercier à la loi Kouchner : émergence du droit médical contemporain

Le XXe siècle marque un tournant décisif dans l'histoire du droit médical français, dont les répercussions s'étendent bien au-delà des frontières hexagonales pour influencer l'ensemble de la francophonie juridique, y compris les anciennes colonies d'Afrique subsaharienne. Alors que le Code civil de 1804 n'avait consacré aucune disposition spécifique à la responsabilité médicale, estimant les articles généraux 1382 et 1383 suffisants pour régir toutes les situations de responsabilité délictuelle, la jurisprudence française du XXe siècle va progressivement élaborer un corpus de règles prétoriennes spécialisées, adaptées aux particularités de l'acte médical. Cette construction jurisprudentielle s'articule autour de plusieurs arrêts fondateurs rendus par la Cour de cassation et le Conseil d'État, qui fixent les grands principes du droit médical moderne : qualification contractuelle de la relation médecin-patient, distinction entre obligation de moyens et obligation de résultat, détermination de la charge de la preuve, reconnaissance de l'aléa thérapeutique. Le législateur interviendra tardivement dans ce domaine, principalement à travers la loi du 4 mars 2002 relative aux droits des malades et à la qualité du système de santé, dite loi Kouchner, qui codifie certaines solutions jurisprudentielles tout en introduisant des innovations majeures comme le mécanisme d'indemnisation des accidents médicaux non fautifs. Cette évolution jurisprudentielle et législative française présente un intérêt considérable pour le droit ivoirien : en l'absence de jurisprudence ivoirienne publiée en matière de responsabilité médicale et compte tenu de la filiation juridique coloniale, les solutions françaises constituent une source d'inspiration naturelle pour les juges et les praticiens ivoiriens confrontés à des litiges médicaux.

3.1. L'arrêt Mercier et la consécration de l'obligation de moyens (1936)

L'arrêt rendu par la Chambre civile de la Cour de cassation le 20 mai 1936, publié au Bulletin civil sous le numéro 88 et universellement connu sous le nom d'arrêt Mercier, constitue l'acte de naissance du droit médical français moderne. Les faits ayant donné lieu à cette décision historique révèlent une situation clinique devenue banale dans la pratique quotidienne : une patiente consulte un médecin pour des troubles dermatologiques, reçoit des injections d'un produit pharmaceutique, et développe des complications graves ayant entraîné une incapacité permanente. La patiente assigne le médecin en responsabilité devant le tribunal civil, invoquant l'inexécution fautive d'un contrat médical. Le médecin soulève une exception de non-recevoir, contestant l'existence même d'un contrat : selon lui, la relation thérapeutique relève du quasi-délit (responsabilité délictuelle) et non du contrat, de sorte que la patiente aurait dû prouver l'existence d'une faute médicale caractérisée. Cette argumentation, si elle avait été retenue par la Cour, aurait considérablement alourdi la charge probatoire pesant sur la victime, condamnée à démontrer que le médecin avait violé les règles de l'art, démonstration quasi impossible pour un profane dépourvu de connaissances médicales.

La Cour de cassation rejette le pourvoi du médecin et consacre solennellement la qualification contractuelle de la relation médecin-patient. Le considérant de principe, rédigé par le conseiller rapporteur Matter, énonce : « Attendu qu'il se forme entre le médecin et son client un véritable contrat comportant, pour le praticien, l'engagement, sinon, bien évidemment, de guérir le malade, ce qui n'a d'ailleurs jamais été allégué, du moins de lui donner des soins, non pas quelconques, mais consciencieux, attentifs, et, réserve faite de circonstances exceptionnelles, conformes aux données acquises de la science. » Cette formulation magistrale, fruit d'une élaboration jurisprudentielle antérieure mais cristallisée pour la première fois de manière aussi nette, pose quatre principes fondamentaux qui structurent encore aujourd'hui le droit médical. Premièrement, la relation médecin-patient constitue un contrat tacite formé par le seul consentement du malade à la consultation et l'acceptation du médecin de le prendre en charge. Aucun écrit n'est nécessaire, le contrat résultant de la seule rencontre des volontés. Cette qualification contractuelle présente un avantage procédural pour le patient : en droit contractuel français, le créancier d'une obligation (ici, le patient) bénéficie d'une présomption d'inexécution lorsqu'il établit l'existence du contrat et du dommage ; il appartient alors au débiteur (le médecin) de prouver qu'il a correctement exécuté son obligation. Cette inversion partielle de la charge de la preuve facilite l'action en responsabilité.

Deuxièmement, l'arrêt Mercier distingue clairement l'obligation contractée par le médecin : non pas une obligation de résultat (guérir le malade), mais une obligation de moyens (donner des soins consciencieux). Cette distinction, théorisée par le civiliste René Demogue dans les années 1920, permet de résoudre la tension entre l'exigence de responsabilité et la reconnaissance de l'aléa thérapeutique. Si le médecin s'engageait à guérir, il serait automatiquement responsable de tout échec thérapeutique, ce qui paralyserait la pratique médicale en incitant les praticiens à refuser les cas difficiles. En retenant l'obligation de moyens, la Cour de cassation admet que le médecin ne maîtrise pas le résultat : malgré des soins techniquement irréprochables, le patient peut ne pas guérir, voire décéder, en raison de facteurs échappant au contrôle du praticien (gravité de la pathologie, fragilité physiologique individuelle, complications imprévisibles). Le médecin n'engage sa responsabilité que s'il a manqué à son obligation de diligence, c'est-à-dire s'il n'a pas déployé tous les moyens raisonnablement exigibles compte tenu de l'état des connaissances médicales. Troisièmement, la formule « soins consciencieux, attentifs et conformes aux données acquises de la science » établit un triple standard de compétence professionnelle : la conscience (attention portée au patient, absence de négligence), l'attention (vigilance constante, surveillance adéquate), et la scientificité (respect de l'état de l'art médical au moment de l'intervention). Ce standard objectif permet au juge d'apprécier la conduite du médecin par référence à un praticien normalement prudent et diligent placé dans les mêmes circonstances, évitant ainsi l'arbitraire d'une appréciation purement subjective.

Quatrièmement, l'incise « réserve faite de circonstances exceptionnelles » introduit une clause d'exonération en cas de force majeure ou d'urgence vitale. Le médecin confronté à une situation d'urgence absolue, ne disposant pas des moyens techniques normalement requis mais ne pouvant différer l'intervention sans condamner le patient, bénéficie d'une appréciation clémente de sa responsabilité. Cette solution pragmatique reconnaît que dans certaines circonstances dramatiques, le médecin doit agir rapidement avec les moyens du bord, quitte à déroger aux protocoles habituels. L'arrêt Mercier reçoit immédiatement un accueil doctrinal enthousiaste. Le doyen Louis Josserand, commentant la décision dans le Recueil Dalloz, salue « une jurisprudence remarquable par sa fermeté et son humanité, qui protège le malade sans décourager le médecin ». Cette formule résume parfaitement l'équilibre atteint par la Cour de cassation : reconnaître la responsabilité contractuelle du praticien pour assurer l'indemnisation des victimes, tout en maintenant une exigence raisonnable (obligation de moyens) pour ne pas inhiber la pratique médicale. L'arrêt Mercier sera confirmé et précisé par une jurisprudence constante : arrêt du 4 janvier 1939 étendant la solution aux cliniques privées, arrêt du 18 novembre 1955 l'appliquant aux médecins hospitaliers pour leurs actes extra-hospitaliers.

L'influence de l'arrêt Mercier sur le droit ivoirien s'exerce de manière indirecte mais certaine. Le Code de déontologie médicale ivoirien, promulgué par la loi n° 62-248 du 31 juillet 1962, reproduit à son article 28 une formulation presque identique à celle de l'arrêt Mercier : « Le médecin doit à la personne qu'il examine, qu'il soigne ou qu'il conseille une attention soutenue. Il doit s'efforcer de soulager les souffrances de son malade par des moyens appropriés à son état et l'assister moralement. Il doit s'abstenir de toute obstination déraisonnable dans les investigations ou la thérapeutique. » Cette disposition déontologique, bien qu'elle ne crée pas directement d'obligation civile contractuelle, constitue un référentiel pour le juge civil ivoirien appelé à trancher un litige de responsabilité médicale. En l'absence de jurisprudence ivoirienne publiée, les avocats et les magistrats s'inspirent naturellement des solutions françaises pour interpréter les articles 1382 et 1383 du Code civil ivoirien appliqués à la matière médicale. La doctrine française, abondamment citée dans les plaidoiries et les décisions, joue un rôle de source persuasive, sinon contraignante. La loi n° 2024-240 du 24 avril 2024 portant exercice de la médecine en Côte d'Ivoire consacre explicitement à son article premier la distinction entre obligation de moyens et obligation de résultat en définissant l'erreur médicale comme tout événement défavorable « lié aux soins médicaux, considérant l'obligation de moyens et non de résultats ». Cette référence législative expresse valide rétrospectivement la pertinence de l'arrêt Mercier pour le droit ivoirien.

3.2. La distinction obligation de moyens / obligation de résultat : des actes thérapeutiques aux actes techniques (1942-1997)

La jurisprudence postérieure à l'arrêt Mercier a progressivement affiné la distinction entre obligation de moyens et obligation de résultat selon la nature de l'acte médical. Cette évolution s'est construite en plusieurs étapes, à travers des décisions relatives aux prothèses dentaires, aux analyses biologiques, et à la chirurgie esthétique.

Note importante : L'arrêt Teyssier (Cass. req., 28 janvier 1942) est souvent cité dans ce contexte, mais son apport principal concerne en réalité le devoir d'information et le consentement éclairé du patient, non l'obligation de résultat. La Chambre des requêtes y a jugé que « le chirurgien d'un service hospitalier est tenu, sauf cas de force majeure, d'obtenir le consentement du malade avant de pratiquer une opération », principe « imposé par le respect de la personne humaine ». La violation de ce devoir constitue « une atteinte grave aux droits du malade ». C'est la jurisprudence ultérieure, notamment l'arrêt de la Cour de cassation du 23 mai 1942 relatif aux prothèses dentaires (publié au Recueil Dalloz 1942, page 113), qui a véritablement introduit la distinction entre actes thérapeutiques (obligation de moyens) et actes techniques de fourniture (obligation de résultat). Les faits ayant donné lieu à cette décision concernent la pose d'une prothèse dentaire : un patient consulte un chirurgien-dentiste pour un appareil prothétique, l'appareillage est réalisé, mais le patient développe rapidement des troubles inflammatoires graves dus à l'inadaptation de la prothèse. Le patient assigne le dentiste en responsabilité contractuelle, invoquant la défectuosité de l'appareil livré. Le dentiste oppose l'arrêt Mercier et soutient qu'il n'était tenu que d'une obligation de moyens : il a réalisé la prothèse avec tout le soin et la compétence requis, l'échec résultant de facteurs physiologiques imprévisibles (rejet, inflammation). La Cour de cassation rejette cet argument et consacre une distinction nouvelle : si le médecin est effectivement tenu d'une obligation de moyens pour les soins thérapeutiques visant à guérir une pathologie, il est en revanche tenu d'une obligation de résultat pour les actes non thérapeutiques, c'est-à-dire ceux qui ne visent pas à traiter une maladie mais à fournir un bien matériel ou à produire un effet esthétique garanti.

Le considérant de principe énonce : « Attendu que le dentiste doit une obligation de résultat déterminée, à savoir la fourniture d'une prothèse adéquate ; qu'il s'engage formellement à donner au patient un appareil conforme à la commande et propre à remplir sa fonction, et que, s'il a failli à son obligation, sa responsabilité contractuelle est engagée. » Cette qualification d'obligation de résultat modifie radicalement la charge de la preuve : le patient n'a plus à démontrer une faute du praticien, il suffit qu'il établisse l'inadéquation de la prothèse fournie (preuve du dommage) pour que la responsabilité du dentiste soit engagée. Le praticien ne peut s'exonérer qu'en prouvant l'existence d'une cause étrangère (force majeure, fait du patient, fait d'un tiers), preuve extrêmement difficile à rapporter. La jurisprudence postérieure étendra progressivement ce régime d'obligation de résultat à d'autres actes médicaux : analyse de biologie médicale (exactitude du résultat), transfusion sanguine (innocuité du sang fourni), fourniture de matériel médical (conformité et sécurité), chirurgie esthétique pure (résultat esthétique promis).

Cette dernière extension jurisprudentielle mérite une attention particulière en raison de sa portée contentieuse. L'arrêt de la Cour de cassation du 17 janvier 1990 (arrêt Hédreul) retient que le chirurgien esthétique pratiquant une intervention purement esthétique, sans finalité thérapeutique, est tenu d'une obligation de résultat quant à l'obtention du résultat esthétique escompté. Cette solution, très favorable aux patients, a suscité des critiques doctrinales virulentes : le résultat esthétique d'une intervention chirurgicale dépend de nombreux facteurs biologiques individuels (cicatrisation, réaction tissulaire, métabolisme) échappant au contrôle du chirurgien. Imposer une obligation de résultat en chirurgie esthétique revient à assimiler le médecin à un vendeur garantissant la conformité de la chose vendue, alors même que la chirurgie, même esthétique, demeure un acte médical soumis à l'aléa biologique. La Cour de cassation rectifiera partiellement cette jurisprudence dans un arrêt du 25 février 1997 (arrêt Bianchi) en retenant que le chirurgien esthétique est certes tenu d'une obligation renforcée d'information sur les risques et les résultats escomptés, mais demeure soumis à une obligation de moyens quant à la réalisation technique de l'intervention. Seul l'engagement précis et contractuel de garantir un résultat déterminé (par exemple : « je vous garantis que votre nez aura telle apparence ») peut transformer l'obligation de moyens en obligation de résultat.

Le droit ivoirien n'a pas encore eu l'occasion de se prononcer sur cette distinction entre obligation de moyens et obligation de résultat dans des domaines spécialisés comme la chirurgie esthétique ou la prothétique dentaire. Néanmoins, les principes posés par les arrêts Teyssier et Hédreul conservent une pertinence théorique pour les juges ivoiriens. Le Code de déontologie médicale ivoirien ne contient aucune disposition spécifique sur la chirurgie esthétique, mais l'article 32 impose au médecin de « ne pas formuler des prévisions inconsidérées ou exagérément rassurantes sur l'évolution ou l'issue d'une maladie ». Cette interdiction de promettre un résultat déterminé peut être interprétée comme consacrant implicitement le principe de l'obligation de moyens, même en chirurgie esthétique. La loi n° 2024-240 du 24 avril 2024, en définissant l'erreur médicale par référence exclusive à l'obligation de moyens, semble également écarter l'application de l'obligation de résultat en matière médicale, y compris pour les actes non thérapeutiques. Cette position législative, si elle était confirmée par la jurisprudence ivoirienne future, marquerait une divergence intéressante avec la solution française et témoignerait de la capacité du droit ivoirien à s'émanciper de sa matrice coloniale pour élaborer des solutions originales adaptées à son contexte socio-économique.

3.3. L'évolution jurisprudentielle contemporaine : aléa thérapeutique et infections nosocomiales

La jurisprudence française de la fin du XXe siècle et du début du XXIe siècle a considérablement enrichi le droit médical en traitant deux problématiques majeures : la responsabilité en cas d'aléa thérapeutique, et le régime juridique des infections nosocomiales. L'aléa thérapeutique désigne la survenance d'un dommage imprévisible et inévitable, consécutif à un acte médical correctement réalisé, et qui ne résulte d'aucune faute du praticien. Par exemple : un patient subit une intervention chirurgicale parfaitement conduite, mais développe une paralysie due à une réaction physiologique exceptionnelle à l'anesthésie. Pendant longtemps, l'aléa thérapeutique demeurait un risque non indemnisable : en l'absence de faute médicale, le patient victime ne pouvait obtenir réparation, subissant seul les conséquences d'une malchance biologique. Cette solution, juridiquement logique dans un système de responsabilité pour faute, heurtait néanmoins le sentiment d'équité : le patient entre à l'hôpital en bonne santé relative, en ressort gravement handicapé, et ne reçoit aucune indemnisation au motif qu'aucune faute n'est caractérisée.

La Cour de cassation a tenté de résoudre cette injustice en élargissant progressivement la notion de faute médicale, notamment à travers la théorie de la perte de chance. Développée par un arrêt du 14 décembre 1965, cette construction prétorienne considère que même lorsque le lien de causalité entre la faute et le dommage final demeure incertain, le patient peut être indemnisé de la perte de chance de guérison ou de survie causée par la faute. Par exemple : un médecin tarde à diagnostiquer un cancer, le patient décède ; on ne peut affirmer avec certitude que le diagnostic précoce aurait sauvé le patient, mais il est établi qu'il aurait eu davantage de chances de survie. Le médecin sera condamné à indemniser non pas le décès lui-même (lien causal incertain), mais la perte de chance de survie (préjudice certain). L'indemnisation sera partielle, proportionnée au pourcentage de chances perdues (par exemple : 40 % du préjudice total si le diagnostic précoce offrait 40 % de chances de guérison). Cette technique jurisprudentielle, si elle améliore l'indemnisation des victimes, ne résout pas totalement le problème de l'aléa thérapeutique pur, où aucune faute n'existe.

Les infections nosocomiales, contractées par le patient à l'occasion de son séjour hospitalier, ont fait l'objet d'une évolution jurisprudentielle spectaculaire. Traditionnellement considérées comme relevant de l'aléa thérapeutique non indemnisable (aucune faute de l'hôpital n'étant caractérisée), elles sont devenues progressivement une source majeure de contentieux. L'arrêt rendu par l'Assemblée plénière de la Cour de cassation le 9 mai 1984 (arrêt Clinique Beau Séjour) marque un tournant en retenant que l'établissement de santé est tenu d'une obligation de sécurité de résultat quant aux produits et matériels qu'il utilise. Si un patient contracte une infection due à un matériel défectueux, l'établissement est automatiquement responsable sans que la victime ait à prouver une faute. Cette obligation de sécurité de résultat sera étendue par la suite aux infections nosocomiales causées par des actes invasifs (chirurgie, endoscopie) : arrêt de l'Assemblée plénière du 25 février 2000 consacrant une présomption de responsabilité de l'établissement de santé en cas d'infection nosocomiale, l'établissement ne pouvant s'exonérer qu'en prouvant une cause étrangère. Cette jurisprudence audacieuse, qui frôle la responsabilité sans faute, sera finalement codifiée par la loi Kouchner de 2002.

3.4. La loi Kouchner de 2002 et le système CRCI/ONIAM

La loi n° 2002-303 du 4 mars 2002 relative aux droits des malades et à la qualité du système de santé, dite loi Kouchner du nom du ministre de la Santé qui l'a portée, constitue la première codification législative d'ensemble du droit médical français. Avant 2002, le droit médical français reposait essentiellement sur la jurisprudence et la déontologie professionnelle, le Code civil et le Code de la santé publique ne contenant que des dispositions éparses. La loi Kouchner crée un Livre Ier nouveau du Code de la santé publique intitulé « Droits des malades et usagers du système de santé » qui consacre législativement des droits reconnus antérieurement par la jurisprudence (information, consentement, accès au dossier médical) tout en introduisant des innovations majeures. L'article L. 1142-1 du Code de la santé publique, issu de la loi Kouchner, établit que « hors le cas où leur responsabilité est encourue en raison d'un défaut d'un produit de santé, les professionnels de santé mentionnés à la quatrième partie du présent code, ainsi que tout établissement, service ou organisme dans lesquels sont réalisés des actes individuels de prévention, de diagnostic ou de soins ne sont responsables des conséquences dommageables d'actes de prévention, de diagnostic ou de soins qu'en cas de faute ». Cette disposition confirme législativement le principe jurisprudentiel de responsabilité pour faute issu de l'arrêt Mercier.

L'innovation capitale de la loi Kouchner réside dans la création d'un mécanisme d'indemnisation des accidents médicaux non fautifs, baptisé « solidarité nationale ». L'article L. 1142-1, II, énonce que « lorsque la responsabilité d'un professionnel, d'un établissement, service ou organisme mentionné au I ou d'un producteur de produits n'est pas engagée, un accident médical, une affection iatrogène ou une infection nosocomiale ouvre droit à la réparation des préjudices du patient, et, en cas de décès, de ses ayants droit au titre de la solidarité nationale, lorsqu'ils sont directement imputables à des actes de prévention, de diagnostic ou de soins et qu'ils ont eu pour le patient des conséquences anormales au regard de son état de santé comme de l'évolution prévisible de celui-ci et présentent un caractère de gravité, fixé par décret, apprécié au regard de la perte de capacités fonctionnelles et des conséquences sur la vie privée et professionnelle ». Cette formulation complexe établit deux conditions cumulatives pour l'indemnisation au titre de la solidarité nationale : un caractère anormal (l'accident doit excéder les risques normalement prévisibles compte tenu de l'état de santé du patient) et un seuil de gravité (fixé par décret à 24 % d'incapacité permanente partielle ou six mois d'incapacité temporaire totale, ou décès).

Le système institutionnel créé par la loi Kouchner pour gérer cette indemnisation repose sur deux organismes complémentaires. Les Commissions régionales de conciliation et d'indemnisation (CRCI), au nombre d'une par région administrative, sont chargées d'examiner les demandes d'indemnisation présentées par les victimes d'accidents médicaux. Composées paritairement de représentants des usagers, des professionnels de santé, des assureurs et de l'administration, les CRCI instruisent les dossiers en ordonnant des expertises médicales indépendantes et en émettant des avis motivés sur l'existence d'une faute médicale et sur l'évaluation des préjudices. Si une faute est retenue, la CRCI facilite un règlement amiable entre la victime et l'assureur du professionnel ou de l'établissement de santé responsable. Si aucune faute n'est retenue mais que les conditions de gravité et d'anormalité sont réunies, la CRCI transmet le dossier à l'Office national d'indemnisation des accidents médicaux (ONIAM), établissement public administratif créé par la loi et financé par une contribution des assureurs et de l'État. L'ONIAM propose alors une offre d'indemnisation amiable à la victime ; si celle-ci accepte, l'indemnisation est versée rapidement sans procès ; si elle refuse, elle conserve la possibilité de saisir les tribunaux.

Le système CRCI/ONIAM a profondément transformé le contentieux médical français en créant une voie alternative au procès judiciaire, plus rapide et moins conflictuelle. Les statistiques publiées par l'ONIAM montrent qu'environ 60 % des dossiers présentés aux CRCI donnent lieu à une indemnisation, soit au titre de la responsabilité (faute), soit au titre de la solidarité nationale (accident non fautif). Ce dispositif, unanimement salué comme une avancée majeure du droit médical, demeure malheureusement absent du droit ivoirien. La Côte d'Ivoire ne dispose d'aucun mécanisme équivalent : les victimes d'accidents médicaux, qu'ils soient fautifs ou non, ne peuvent obtenir réparation qu'en intentant une action judiciaire devant les tribunaux civils ou administratifs, procédure longue, coûteuse et aléatoire. L'absence d'assurance obligatoire de responsabilité civile professionnelle avant 2024 aggravait encore cette situation : de nombreux médecins libéraux exerçaient sans assurance, de sorte que même lorsqu'une faute était judiciairement établie et des dommages et intérêts prononcés, la victime ne pouvait obtenir effectivement paiement en raison de l'insolvabilité du praticien condamné. La loi n° 2024-240 du 24 avril 2024 a corrigé cette lacune en imposant la souscription obligatoire d'une assurance RCP (article 20), mais n'a pas créé de mécanisme d'indemnisation des accidents non fautifs. Cette carence demeure une priorité de réforme pour le législateur ivoirien.

CHAPITRE 4
ENSEIGNEMENTS COMPARATIFS ET PERSPECTIVE IVOIRIENNE

Universalité des principes, contextualisation des solutions

Le parcours historique de la responsabilité médicale depuis le Code d'Hammourabi jusqu'à la loi Kouchner française de 2002 révèle une remarquable continuité conceptuelle par-delà la diversité des époques et des civilisations. Cette constance témoigne de l'existence de principes juridiques universels, inhérents à la nature même de l'acte médical et de la relation soignant-soigné. Quatre millénaires de pratique juridique ont progressivement dégagé un consensus normatif transcendant les frontières nationales et les systèmes juridiques : le médecin exerce une profession spéciale nécessitant qualification et régulation ; il doit respecter le secret des confidences reçues ; sa responsabilité s'apprécie au regard de sa conduite professionnelle (faute) et non du seul résultat thérapeutique (aléa) ; il est tenu d'une obligation de diligence (moyens) plutôt que d'une obligation de guérison (résultat). Ces principes structurants, élaborés successivement par le droit romain, le droit canonique médiéval, la doctrine civiliste française et la jurisprudence moderne, constituent le patrimoine juridique commun de toutes les nations héritières du système romano-civiliste, dont la Côte d'Ivoire fait partie par filiation coloniale. L'analyse comparative de cette évolution historique permet d'identifier les acquis juridiques pérennes, susceptibles d'une transposition universelle, et les solutions contingentes, liées au contexte socio-économique particulier de chaque époque ou de chaque pays. Cette distinction entre noyau dur conceptuel et modalités d'application variables offre au législateur et au juge ivoiriens une grille de lecture pour adapter intelligemment les principes universels aux réalités locales, évitant ainsi le double écueil de l'imitation servile du modèle français et du rejet nationaliste des apports extérieurs.

4.1. Les invariants juridiques de la responsabilité médicale

La confrontation des différents systèmes juridiques étudiés révèle l'existence de cinq invariants structurels, présents dans toutes les civilisations ayant développé une médecine organisée. Le premier invariant réside dans la reconnaissance d'un statut professionnel spécifique au médecin, distinct du commun des citoyens ou des artisans ordinaires. Cette spécialisation juridique se manifeste dès le Code d'Hammourabi par l'existence d'articles dédiés aux praticiens médicaux et chirurgicaux, établissant des règles de rémunération et de responsabilité propres à cette activité. L'Égypte pharaonique institutionnalise cette distinction en créant une hiérarchie médicale structurée (médecins ordinaires, médecins en chef, médecins royaux) et en soumettant les praticiens au respect de protocoles codifiés dans des livres sacrés. La Grèce hippocratique formalise l'autonomie professionnelle à travers le Serment, engagement volontaire par lequel le médecin se soumet à des règles éthiques supérieures aux lois civiles ordinaires. Le droit romain consacre cette spécificité en appliquant aux médecins un régime de responsabilité aquilienne adapté, tenant compte de la technicité de l'acte médical et de l'incertitude du résultat thérapeutique. Le Moyen Âge européen perpétue cette tradition par la création des facultés de médecine universitaires et des corporations chirurgicales, institutions corporatives disposant d'un pouvoir disciplinaire autonome. Cette permanence du statut professionnel médical à travers les âges s'explique par une nécessité fonctionnelle : la santé constitue un bien essentiel pour la collectivité, justifiant une régulation publique renforcée ; la pratique médicale requiert des connaissances techniques spécialisées que le profane ne possède pas, créant une asymétrie d'information entre soignant et soigné qui appelle une protection juridique du patient ; enfin, la relation thérapeutique repose sur la confiance, sentiment fragile nécessitant des garanties institutionnelles (diplôme, déontologie, contrôle ordinal).

Le deuxième invariant concerne le secret médical, obligation déontologique universelle formulée pour la première fois dans le Serment d'Hippocrate et maintenue dans tous les codes de déontologie modernes. Cette pérennité remarquable s'explique par le caractère structurant du secret pour la relation thérapeutique : le patient ne peut se confier pleinement au médecin, révéler ses symptômes intimes, accepter l'examen corporel, qu'à la condition de savoir que ses confidences demeureront protégées. Le secret médical crée un espace de parole sécurisé, indispensable à l'établissement du diagnostic et à l'adhésion au traitement. Toutes les civilisations médicales ont compris cette nécessité fonctionnelle et l'ont traduite juridiquement par une obligation de discrétion assortie de sanctions. Le droit canonique médiéval assimile la violation du secret médical à un péché mortel passible de pénitence ecclésiastique. Les codes pénaux modernes érigent le secret professionnel en infraction pénale autonome, punissant sa violation d'emprisonnement et d'amende. Le Code de déontologie médicale ivoirien (article 4) et le Code pénal ivoirien (articles 444 à 448 du Code Pénal (Loi n°2019-574 du 26 juin 2019) perpétuent cette double sanction déontologique et pénale, témoignant de l'ancrage profond du secret médical dans la culture juridique universelle. La permanence de cette obligation à travers quatre millénaires confirme qu'il ne s'agit pas d'une contingence historique, mais d'une nécessité anthropologique liée à la nature même de la médecine.

Le troisième invariant porte sur la responsabilité pour faute, principe juridique substitué progressivement à la responsabilité objective du Code d'Hammourabi. Cette mutation conceptuelle, achevée dans le droit romain avec la Lex Aquilia, représente une conquête civilisationnelle majeure : elle reconnaît que l'acte médical comporte un aléa irréductible, indépendant de la volonté et de la compétence du praticien. Un patient peut décéder malgré des soins techniquement irréprochables, en raison de la gravité de sa pathologie, de complications imprévisibles ou de réactions physiologiques exceptionnelles. Sanctionner le médecin pour le seul échec thérapeutique, comme le faisait le système babylonien, conduirait à paralyser la pratique médicale en incitant les praticiens à refuser les cas difficiles. La responsabilité pour faute résout cette tension en n'engageant la responsabilité du médecin qu'en cas de comportement fautif : incompétence (imperitia), négligence (neglegentia), imprudence, manquement au devoir d'information ou de vigilance. Cette distinction entre le résultat dommageable (aléa non indemnisable) et la conduite fautive (faute indemnisable) structure l'ensemble du droit médical moderne et se retrouve identiquement dans le Code civil ivoirien (articles 1382-1383) et dans la loi n° 2024-240 du 24 avril 2024 qui définit l'erreur médicale comme événement défavorable « lié aux soins médicaux, considérant l'obligation de moyens et non de résultats ».

Le quatrième invariant concerne l'obligation de moyens, corollaire logique de la responsabilité pour faute. Le médecin ne s'engage pas à guérir le patient — promesse impossible à tenir compte tenu de l'aléa thérapeutique — mais à déployer tous les moyens raisonnablement exigibles pour tenter d'obtenir la guérison. Cette obligation de diligence se décline en trois dimensions : compétence technique (maîtrise de l'état de l'art médical), attention personnalisée (surveillance du patient, adaptation du traitement), probité morale (honnêteté, absence de conflit d'intérêts). La jurisprudence française a cristallisé cette obligation dans la formule consacrée par l'arrêt Mercier : « soins consciencieux, attentifs et conformes aux données acquises de la science ». Cette trilogie — conscience, attention, scientificité — définit le standard professionnel auquel tout médecin doit se conformer. L'obligation de moyens protège simultanément le médecin (qui ne répond pas de l'échec) et le patient (qui peut exiger une diligence professionnelle). Elle établit un équilibre subtil entre sécurité juridique du praticien et protection de la victime, équilibre que la Côte d'Ivoire a consacré législativement en 2024.

Le cinquième invariant porte sur la dualité des régimes de responsabilité selon la nature de l'acte médical. Dès l'arrêt Teyssier de 1942, la jurisprudence française a distingué les actes thérapeutiques (soumis à obligation de moyens) et les actes non thérapeutiques (soumis à obligation de résultat dans certaines circonstances). Cette distinction, affinée par soixante ans de casuistique jurisprudentielle, répond à une logique fonctionnelle : lorsque le médecin fournit un bien matériel (prothèse dentaire, lunettes) ou s'engage contractuellement à obtenir un résultat esthétique précis, la prestation médicale s'apparente à un contrat de vente ou d'entreprise classique, justifiant l'application d'une obligation de résultat. Inversement, lorsque le médecin traite une pathologie, l'incertitude biologique inhérente à toute maladie interdit de garantir la guérison, imposant l'obligation de moyens. Cette dualité jurisprudentielle n'a pas encore été consacrée explicitement en Côte d'Ivoire, mais la logique qui la sous-tend demeure universellement pertinente.

4.2. Les solutions contingentes et leur inadéquation au contexte ivoirien

Si les invariants juridiques identifiés présentent une validité universelle justifiant leur transposition en Côte d'Ivoire, certaines solutions élaborées dans le contexte français contemporain répondent à des contingences socio-économiques propres aux pays développés et s'avèrent difficilement transposables en l'état dans le contexte ivoirien. La première solution contingente concerne le système CRCI/ONIAM créé par la loi Kouchner de 2002 pour indemniser les accidents médicaux non fautifs au titre de la solidarité nationale. Ce dispositif repose sur trois prérequis financiers et institutionnels : l'existence d'un secteur assurantiel développé capable de financer l'ONIAM par prélèvement obligatoire sur les primes d'assurance maladie ; la disponibilité d'un budget public conséquent permettant à l'État de compléter le financement assurantiel ; et l'existence d'une expertise médicale judiciaire de qualité, capable de réaliser des évaluations contradictoires fiables dans des délais raisonnables. Ces trois conditions demeurent partiellement non remplies en Côte d'Ivoire : le marché assurantiel ivoirien, bien que dynamique, reste de taille modeste avec une pénétration de l'assurance maladie limitée à environ 10 % de la population (essentiellement fonctionnaires et salariés du secteur formel bénéficiant de la Couverture maladie universelle instituée en 2014) ; le budget de l'État ivoirien, contraint par la dette publique et les investissements infrastructurels prioritaires, ne permet pas de financer un fonds d'indemnisation doté de centaines de milliards de francs CFA ; enfin, le corps des experts judiciaires médicaux demeure insuffisamment développé, la médecine légale ne constituant pas encore une spécialité médicale institutionnalisée en Côte d'Ivoire.

La deuxième solution contingente porte sur l'assurance obligatoire de responsabilité civile professionnelle (RCP) imposée aux médecins libéraux. La France a rendu obligatoire cette assurance dès 2002 (article L. 1142-2 du Code de la santé publique), garantissant ainsi que toute victime d'une faute médicale pourra effectivement obtenir paiement des dommages et intérêts prononcés judiciairement. La Côte d'Ivoire n'a consacré cette obligation qu'en 2024 (article 20 de la loi n° 2024-240), avec vingt-deux ans de retard. Cette tardiveté s'explique par la structure économique particulière de la médecine libérale ivoirienne : le secteur privé demeure fragmenté, constitué principalement de cabinets individuels ou de petites cliniques familiales disposant de capacités financières limitées. Les primes d'assurance RCP, bien que modestes en valeur absolue (quelques centaines de milliers de francs CFA annuels), représentent une charge significative pour des praticiens dont les revenus demeurent inférieurs à ceux de leurs homologues européens. De surcroît, l'offre assurantielle en matière de RCP médicale demeure restreinte, peu de compagnies d'assurance proposant des produits adaptés aux spécificités du risque médical. L'application effective de l'obligation d'assurance instaurée en 2024 nécessitera donc un accompagnement des praticiens (subventions publiques, conventions collectives fixant des tarifs préférentiels) et un développement du marché assurantiel spécialisé.

La troisième solution contingente concerne l'information médicale préalable et le consentement éclairé du patient, obligations consacrées massivement par la loi Kouchner et sanctionnées lourdement par la jurisprudence française. Le défaut d'information constitue désormais en France une faute autonome engageant la responsabilité du médecin indépendamment de toute faute technique dans la réalisation de l'acte médical. Cette rigueur jurisprudentielle répond à un contexte sociologique spécifique : l'élévation du niveau d'éducation moyen de la population, la diffusion massive d'informations médicales via internet, et l'émergence d'une culture de l'autonomie individuelle valorisant le consentement comme expression de la liberté personnelle. Ce contexte sociologique français ne se retrouve que partiellement en Côte d'Ivoire, où le taux d'alphabétisation demeure limité (environ 47 % selon les statistiques de l'UNESCO), où l'accès à internet reste inégalement réparti entre zones urbaines et rurales, et où persistent des conceptions traditionnelles de la relation médicale fondées sur la confiance paternaliste plutôt que sur l'autonomie décisionnelle du patient. Imposer brutalement au médecin ivoirien les mêmes obligations d'information détaillée que celles exigées en France risquerait de créer un décalage entre norme juridique et pratique sociale effective, générant contentieux et frustrations sans améliorer réellement la qualité des soins.

4.3. Vers un modèle ivoirien adapté de responsabilité médicale

La confrontation entre invariants universels et solutions contingentes suggère qu'une transposition intelligente du droit médical français en Côte d'Ivoire doit opérer un tri sélectif, adoptant les principes structurants tout en adaptant les modalités d'application aux réalités locales. Trois priorités législatives se dégagent pour le droit ivoirien futur. Premièrement, la création d'un mécanisme d'expertise médicale pré-contentieuse, inspiré des CRCI françaises mais adapté aux moyens financiers ivoiriens. Plutôt que d'instituer un fonds d'indemnisation massif financé par la solidarité nationale, la Côte d'Ivoire pourrait créer des commissions régionales d'expertise et de conciliation médicale, structures légères chargées d'instruire les plaintes des patients, d'ordonner des expertises contradictoires, et de faciliter des règlements amiables entre victimes et médecins assurés. Ces commissions, composées de médecins, de juristes et de représentants des usagers, offriraient une alternative rapide et peu coûteuse au procès judiciaire, désengorgeant les tribunaux tout en améliorant l'indemnisation effective des victimes. Le financement de ces commissions pourrait être assuré par une contribution modique prélevée sur les cotisations ordinales et les primes d'assurance RCP, sans nécessiter d'intervention budgétaire publique massive.

Deuxièmement, le développement d'une expertise médicale judiciaire de qualité constitue un préalable indispensable à tout contentieux médical équitable. L'absence actuelle d'experts judiciaires médicaux formés et indépendants fragilise l'ensemble du système : les juges ivoiriens, dépourvus de compétences techniques médicales, ne peuvent trancher les litiges sans recourir à des expertises fiables. Or, le vivier d'experts demeure insuffisant, peu de médecins acceptant cette mission chronophage et faiblement rémunérée. Une réforme législative devrait instituer un statut valorisant de l'expert judiciaire médical, comportant une formation initiale obligatoire en médecine légale et déontologie, une rémunération décente indexée sur la complexité du dossier, et une protection juridique contre les poursuites abusives. Le ministère de la Santé et l'Ordre des médecins pourraient conjointement organiser des sessions de formation continue en expertise judiciaire, créant ainsi progressivement un corps d'experts compétents et disponibles.

Troisièmement, la publication systématique de la jurisprudence ivoirienne en matière de responsabilité médicale s'impose comme nécessité démocratique et pédagogique. L'opacité actuelle du contentieux médical ivoirien — aucune décision de justice n'étant accessible en ligne ou dans des revues juridiques — prive les praticiens, les patients, les avocats et les chercheurs d'une connaissance de l'état du droit positif. Cette ignorance juridique généralisée encourage l'arbitraire judiciaire, chaque tribunal statuant selon sa propre appréciation sans référence à une jurisprudence établie. La Cour suprême de Côte d'Ivoire devrait créer une base de données jurisprudentielle en ligne, accessible gratuitement, répertoriant et commentant les décisions de justice en matière médicale. Cette transparence jurisprudentielle permettrait aux médecins de connaître les standards de diligence attendus, aux patients de mesurer la légitimité de leurs réclamations, et aux juges de s'inscrire dans une cohérence jurisprudentielle garante de prévisibilité et d'égalité devant la loi.

L'analyse comparative des systèmes juridiques de responsabilité médicale depuis l'Antiquité jusqu'à nos jours démontre que le droit médical ivoirien, loin d'être une création ex nihilo, s'inscrit dans une tradition juridique universelle vieille de quatre millénaires. Les principes fondamentaux — responsabilité pour faute, obligation de moyens, secret professionnel, statut spécial du médecin — traversent les époques et les civilisations avec une remarquable constance, témoignant de leur pertinence anthropologique. La Côte d'Ivoire, en perpétuant ces principes à travers son Code civil et son Code de déontologie médicale, manifeste son appartenance à cette civilisation juridique commune. Néanmoins, cette filiation ne doit pas conduire à une imitation servile du modèle français : certaines solutions contemporaines élaborées en France répondent à des contingences socio-économiques propres aux pays développés et nécessitent une adaptation avant transposition en Côte d'Ivoire. Le défi pour le législateur et le juge ivoiriens consiste à préserver le noyau dur conceptuel du droit médical universel tout en l'adaptant pragmatiquement aux réalités locales, construisant ainsi un modèle ivoirien original, juridiquement cohérent et socialement efficace. Cette synthèse entre universalité des principes et contextualisation des solutions constitue la voie d'avenir pour un droit médical ivoirien moderne, protégeant équitablement médecins et patients dans le respect des contraintes budgétaires et institutionnelles du pays.

PARTIE II
DES OBLIGATIONS PROFESSIONNELLES

CHAPITRE 5
DES OBLIGATIONS PROFESSIONNELLES DU MÉDECIN

L'édifice de la responsabilité médicale repose sur un socle normatif préalable : celui des obligations qui structurent et encadrent l'exercice de la médecine. Avant de pouvoir sanctionner un manquement, encore faut-il avoir défini avec précision ce que la loi, la déontologie et l'éthique attendent du praticien. Ce chapitre inaugural se propose d'explorer ce cadre obligationnel dans sa double dimension statutaire et comportementale. La première dimension concerne le statut juridique du médecin, c'est-à-dire l'ensemble des conditions légales qui gouvernent son accès à la profession, son inscription à l'ordre professionnel, et les modalités d'exercice de son art. La seconde dimension, plus substantielle, porte sur les devoirs qui s'imposent au praticien une fois habilité à exercer : devoirs envers le patient, envers la profession, envers la société.

Cette distinction entre statut et devoirs n'a rien d'artificiel. Elle correspond à deux moments logiques et chronologiques dans la construction de la figure du médecin. Le statut répond à la question : « Qui peut légitimement exercer la médecine en Côte d'Ivoire ? » Il établit le monopole professionnel et trace la frontière entre exercice légal et exercice illégal. Les devoirs répondent à une question subséquente : « Comment celui qui est habilité à exercer doit-il se comporter dans l'accomplissement de sa mission ? » Ils définissent les standards de qualité, d'éthique et de probité exigés du praticien. Cette articulation entre conditions d'accès et règles d'exercice constitue le fondement de toute régulation professionnelle moderne.

5.1. Le statut du médecin

5.1.1. L'encadrement légal de l'exercice : diplôme, monopole et lutte contre l'exercice illégal

A. Le diplôme comme condition première d'accès à la profession

Le droit ivoirien pose, depuis l'indépendance, le principe selon lequel nul ne peut exercer la médecine sans être titulaire du diplôme de docteur en médecine. Ce principe, qui peut sembler évident, mérite d'être explicité dans ses préceptes et ses implications. Il repose sur une double justification : technique et sociologique. La justification technique tient à la complexité de l'art médical, dont la maîtrise exige une formation longue, progressive et sanctionnée par un contrôle institutionnel des connaissances. La justification sociologique renvoie à la nécessité de protéger la population contre les charlatans, les guérisseurs autoproclamés, et toutes les formes d'imposture médicale qui, historiquement, ont prospéré en l'absence de régulation étatique.

La Loi n° 2024-240 du 24 avril 2024 portant exercice de la médecine consacre ce principe à son article 2 en des termes sans équivoque : « Nul ne peut exercer la médecine en Côte d'Ivoire s'il n'est titulaire du diplôme de docteur en médecine régulièrement reconnu et s'il n'est inscrit au tableau de l'Ordre National des Médecins de Côte d'Ivoire, sous réserve des dispositions particulières prévues par la présente loi. » Cette formulation appelle plusieurs observations. D'abord, la condition du diplôme est absolue : aucune dérogation fondée sur l'expérience pratique, la notoriété, ou l'exercice antérieur de la médecine traditionnelle n'est admise. Ensuite, le diplôme doit être « régulièrement reconnu », ce qui renvoie à deux hypothèses distinctes : soit il s'agit d'un diplôme d'État ivoirien délivré par l'Université Félix Houphouët-Boigny ou toute autre faculté de médecine habilitée par le Ministère de l'Enseignement Supérieur, soit il s'agit d'un diplôme étranger dont l'équivalence avec le diplôme ivoirien a été officiellement attestée par les autorités compétentes.

La question de l'équivalence des diplômes étrangers revêt une importance particulière dans le contexte de mobilité croissante des professionnels de santé au sein de l'espace CEDEAO et au-delà. L'article 16 de la Loi n° 2024-240 précise les conditions d'inscription à l'Ordre pour les médecins titulaires de diplômes délivrés hors de Côte d'Ivoire. Ces conditions incluent la vérification de l'authenticité du titre, l'examen de sa conformité aux standards académiques ivoiriens, et, pour les médecins non francophones, la justification d'une connaissance suffisante de la langue française. Cette dernière exigence, loin d'être anodine, répond à un impératif de sécurité : comment un médecin pourrait-il recueillir correctement les symptômes d'un patient, rédiger une prescription lisible, ou collaborer avec ses confrères s'il ne maîtrise pas la langue de travail du système de santé ?

Le diplôme ne confère toutefois qu'un droit potentiel à l'exercice. Pour que ce droit devienne effectif, une seconde condition doit être remplie : l'inscription au tableau de l'Ordre National des Médecins de Côte d'Ivoire. Nous y reviendrons infra dans le développement consacré au rôle de l'Ordre. Notons simplement ici que cette double exigence — diplôme et inscription — traduit une conception duale de la légitimité professionnelle : légitimité académique (sanctionnée par le diplôme) et légitimité corporative (sanctionnée par l'Ordre).

B. Le monopole d'exercice : fondement et portée

La reconnaissance du diplôme comme condition d'accès à la médecine instaure corrélativement un monopole professionnel au profit des titulaires de ce diplôme. Ce monopole signifie que certains actes — ceux qui relèvent du diagnostic, de la prescription thérapeutique, ou de l'intervention chirurgicale — sont réservés par la loi aux seuls médecins régulièrement habilités. Toute personne qui accomplit ces actes sans être titulaire du diplôme et inscrite à l'Ordre commet l'infraction d'exercice illégal de la médecine, passible de sanctions pénales sévères.

La justification de ce monopole a fait l'objet de débats doctrinaux dont l'écho se retrouve dans la littérature juridique ivoirienne. Pour ses défenseurs, le monopole est la contrepartie légitime des obligations et des responsabilités qui pèsent sur le médecin. Celui qui engage sa responsabilité civile, pénale et disciplinaire à chaque acte médical doit pouvoir se prévaloir d'une protection contre la concurrence déloyale des non-diplômés. Pour ses critiques, notamment dans les milieux de la médecine traditionnelle, le monopole constitue une forme de néo-colonialisme intellectuel qui disqualifie des savoirs ancestraux et prive les populations rurales d'accès à des soins culturellement adaptés. La Loi n° 2024-240 tranche implicitement ce débat en maintenant le monopole médical tout en ouvrant des espaces de reconnaissance pour les tradipraticiens, à condition qu'ils se cantonnent à leurs domaines de compétence propres et ne s'arrogent pas le titre de médecin.

La portée du monopole doit être précisée. L'article 62 de la Loi n° 2024-240 définit l'exercice illégal de la médecine comme « le fait de prendre part habituellement ou par direction suivie, même en présence d'un médecin, à l'établissement d'un diagnostic ou d'un traitement ». Plusieurs éléments méritent attention dans cette définition. D'abord, le caractère habituel : un acte isolé, même non autorisé, ne caractérise pas nécessairement l'infraction s'il ne révèle pas une pratique organisée. Ensuite, la référence au diagnostic et au traitement : ce sont là les deux piliers de l'art médical. Le simple fait de prodiguer des conseils généraux de santé, de vendre des médicaments en officine (pour un pharmacien), ou d'assurer des soins infirmiers de base (pour un infirmier) ne constitue pas un exercice illégal de la médecine dès lors que ces actes ne comportent pas d'établissement de diagnostic médical. Enfin, la précision « même en présence d'un médecin » : elle vise les situations de complicité où un médecin prête son titre à un non-médecin pour couvrir l'exercice illégal de ce dernier.

C. La lutte contre l'exercice illégal : enjeux et dispositif répressif

L'exercice illégal de la médecine constitue, en Côte d'Ivoire comme dans la plupart des législations modernes, une infraction pénale autonome distincte de l'escroquerie ou de la mise en danger d'autrui, bien qu'elle puisse se cumuler avec ces qualifications. La ratio legis de cette incrimination spécifique tient à la vulnérabilité particulière du patient face au pseudo-médecin. Contrairement à d'autres formes d'escroquerie où la victime conserve une capacité de discernement, le malade est souvent dans un état de dépendance physique et psychologique qui altère son jugement. Il fait confiance au « docteur » parce que la souffrance appelle le recours à une autorité salvatrice, et cette confiance doit être protégée par la loi.

L'article 63 de la Loi n° 2024-240 sanctionne l'exercice illégal de la médecine d'une peine d'emprisonnement d'un à cinq ans et d'une amende de 1 000 000 à 5 000 000 de francs CFA. Ces peines, relativement lourdes, témoignent de la gravité que le législateur attache à l'infraction. À titre de comparaison, l'homicide involontaire est puni de trois mois à trois ans d'emprisonnement selon l'article 392 du Code Pénal. Ainsi, le fait d'exercer illégalement la médecine, même sans causer de dommage avéré, expose à une sanction potentiellement supérieure à celle encourue pour avoir causé involontairement la mort d'autrui. Cette sévérité s'explique par la dimension de prévention générale que poursuit le législateur : il s'agit de dissuader par l'exemplarité de la sanction.

Le dispositif répressif ne s'arrête pas à la sanction du délinquant direct. L'article 62, alinéa 3, de la Loi n° 2024-240 érige en complicité d'exercice illégal le fait, pour un médecin régulièrement inscrit à l'Ordre, d'employer un médecin non inscrit. Cette disposition, d'une rigueur remarquable, vise les situations de couverture où un praticien établi met sa plaque à disposition d'un confrère étranger ou radié pour lui permettre de continuer à exercer. Elle répond également à des préoccupations gestionnaires dans les cliniques privées où la tentation peut exister de recruter des médecins à moindre coût en négligeant de vérifier leur inscription ordinale. Le médecin complice encourt les mêmes peines que l'auteur principal de l'infraction, conformément au principe classique de droit pénal selon lequel le complice est puni comme l'auteur.

La mise en œuvre pratique de la répression de l'exercice illégal soulève toutefois des difficultés que la littérature juridique ivoirienne commence à documenter. La première difficulté tient à la détection de l'infraction. Contrairement aux crimes de sang ou aux vols qui génèrent des plaintes spontanées, l'exercice illégal est souvent révélé de manière fortuite : lors d'un contrôle administratif, à l'occasion d'un accident médical ayant entraîné une plainte pénale pour homicide involontaire, ou par dénonciation d'un confrère jaloux. Cette faible détectabilité nourrit un sentiment d'impunité parmi les charlatans, qui prolifèrent dans les quartiers populaires et les zones rurales où l'offre de soins légale est déficitaire.

La deuxième difficulté est d'ordre probatoire. Établir l'exercice habituel suppose de démontrer une répétition d'actes médicaux, ce qui nécessite des témoignages de patients, des ordonnances falsifiées, des preuves matérielles (instruments chirurgicaux, stocks de médicaments). Or, les victimes du charlatan sont souvent réticentes à témoigner, soit par honte d'avoir été dupées, soit par crainte de représailles dans les communautés restreintes. Les enquêtes diligentées par les services de police judiciaire se heurtent également à la mobilité des délinquants, qui changent fréquemment de lieu d'exercice pour échapper aux contrôles.

La troisième difficulté est sociologique. Dans certaines régions de Côte d'Ivoire, notamment en milieu rural, la frontière entre médecine moderne et médecine traditionnelle est poreuse. Des tradipraticiens reconnus par leurs communautés peuvent être amenés à poser des diagnostics et à prescrire des traitements qui, stricto sensu, relèvent du monopole médical. La répression aveugle de ces pratiques risquerait de désorganiser des systèmes de soins informels qui, bien qu'imparfaits, assurent une fonction de premier recours pour des populations éloignées des centres de santé. Le législateur ivoirien a conscience de cette tension, comme en témoigne l'article 62, alinéa 4, de la Loi n° 2024-240 qui exclut expressément du champ de l'exercice illégal les actes accomplis par « les étudiants en médecine, les sage-femmes, les infirmiers et les garde-malades lorsqu'ils agissent comme aides d'un médecin qui les place auprès de ses malades et sous son contrôle ». Cette exception, qui consacre la délégation d'actes sous contrôle médical, pourrait servir de modèle pour encadrer juridiquement certaines collaborations entre médecins et tradipraticiens.

5.1.2. La dualité statutaire : praticien hospitalier vs médecin libéral

A. Le médecin fonctionnaire : agent public soumis au statut de la fonction publique

Le système de santé ivoirien, comme celui de la plupart des pays africains, repose en grande partie sur le secteur public hospitalier. Les Centres Hospitaliers Universitaires (CHU), les hôpitaux généraux, les formations sanitaires de première ligne emploient un nombre important de médecins qui, juridiquement, ont le statut de fonctionnaires ou, pour certains, d'agents contractuels de l'État. Ce statut administratif influe profondément sur le régime de responsabilité applicable à ces praticiens, justifiant que nous en précisions les contours dès ce stade de l'analyse.

Le médecin fonctionnaire est désormais régie par la Loi n°2023-892 du 23 novembre 2023 portant nouveau Statut Général de la Fonction Publique, qui a abrogé et remplacé la Loi n°92-570 du 11 septembre 1992[1]. Ce statut définit les droits et obligations du fonctionnaire, les conditions de recrutement, de rémunération, d'avancement, et le régime disciplinaire. À ces règles générales s'ajoutent des dispositions particulières applicables aux corps de la santé publique, fixées par décret.

La spécificité du médecin fonctionnaire tient à ce que son activité professionnelle s'exerce dans un cadre hiérarchique. Contrairement au médecin libéral qui jouit d'une indépendance quasi absolue dans ses choix thérapeutiques, le médecin hospitalier est soumis à une autorité administrative : celle du directeur de l'établissement, du chef de service, du doyen de la faculté s'il exerce dans un CHU. Cette subordination, toutefois, connaît une limite essentielle : elle ne peut porter atteinte à

---

[1] *Les références à l'ancienne Loi n°92-570 dans les ouvrages et articles antérieurs à 2024 doivent être lues comme renvoyant aux dispositions correspondantes de la Loi n°2023-892.*

l'indépendance professionnelle du médecin dans l'exercice de l'art médical. Le Code de Déontologie Médicale, applicable à tous les médecins quel que soit leur statut, garantit en son article 5 le principe d'indépendance professionnelle : « Le médecin doit toujours agir, dans les limites de ses compétences, dans l'intérêt exclusif de la santé publique et du malade. Soucieux de son indépendance professionnelle, il évite toutes conditions et circonstances de nature à compromettre la qualité de ses soins et de son jugement. »

Cette tension entre subordination administrative et indépendance professionnelle se cristallise dans la notion de « faute de service » que nous approfondirons dans la deuxième partie de l'ouvrage. Anticipons simplement ici que le médecin hospitalier bénéficie, en principe, de la protection de l'administration pour les actes accomplis dans l'exercice de ses fonctions. L'article 19 du Statut Général de la Fonction Publique dispose que « les fonctionnaires bénéficient, à l'occasion de leurs fonctions et conformément aux règles fixées par le Code pénal et les lois spéciales, d'une protection organisée par la collectivité publique dont ils dépendent, contre les menaces, outrages, injures, diffamations ou attaques de quelque nature que ce soit dont ils pourraient être l'objet. La collectivité publique est tenue de réparer le préjudice qui en est résulté ». Cette protection, néanmoins, ne joue pas lorsque le médecin a commis une faute personnelle détachable du service, c'est-à-dire une faute d'une gravité telle qu'elle révèle davantage l'homme que le fonctionnaire.

Le médecin hospitalier peut par ailleurs exercer une activité privée complémentaire, sous réserve d'autorisation préalable. La Loi n° 2024-240 encadre strictement cette possibilité à son article 20, qui impose au médecin fonctionnaire souhaitant pratiquer dans le secteur libéral de disposer d'une convention l'y autorisant et de souscrire une assurance couvrant ses risques professionnels. Cette exigence répond à une double préoccupation : éviter les conflits d'intérêts (le médecin qui détourne des patients de l'hôpital public vers sa clinique privée) et garantir la sécurité juridique des patients traités dans le cadre de cette activité accessoire. L'absence d'autorisation ou d'assurance constitue une faute disciplinaire passible de sanctions tant administratives qu'ordinales.

B. Le médecin libéral : entrepreneur médical et praticien indépendant

À l'opposé du spectre statutaire se trouve le médecin libéral, qui exerce la médecine à titre privé, dans un cabinet individuel ou une clinique, en dehors de tout lien de subordination administrative. Ce médecin est juridiquement un entrepreneur : il investit ses propres capitaux, assume les risques économiques de son activité, et tire ses revenus des honoraires payés par ses patients ou par les organismes de prise en charge (mutuelles, assurance maladie).

L'exercice libéral de la médecine en Côte d'Ivoire est soumis à une double autorisation. D'une part, l'inscription au tableau de l'Ordre National des Médecins, condition sine qua non de tout exercice médical quel que soit le statut. D'autre part, l'autorisation d'ouverture d'un cabinet ou d'une clinique délivrée par le Ministère de la Santé et de l'Hygiène Publique après vérification du respect des normes sanitaires, architecturales et d'équipement. Cette autorisation administrative, prévue par la législation sur les établissements de santé privés, vise à garantir que les locaux répondent aux exigences minimales de sécurité et de salubrité.

Le médecin libéral jouit d'une indépendance professionnelle totale dans le choix de ses méthodes thérapeutiques, de ses prescriptions, et de l'organisation de son cabinet. Cette indépendance, toutefois, n'est pas synonyme de liberté absolue. Elle s'exerce dans le cadre des règles de l'art médical, des recommandations de bonne pratique, et des obligations déontologiques. Le médecin libéral demeure soumis au Code de Déontologie Médicale au même titre que son confrère hospitalier. Il doit notamment respecter le secret professionnel (article 7), s'abstenir de toute publicité tapageuse (articles 11 à 14), refuser toute forme de dichotomie ou de compérage (articles 18 à 26), et assurer la continuité des soins (article 46).

La principale spécificité du médecin libéral, sur le plan juridique, tient au régime de responsabilité civile applicable à son activité. Contrairement au médecin hospitalier dont la responsabilité est administrativement encadrée, le médecin libéral engage directement sa responsabilité contractuelle vis-à-vis de son patient. La relation médicale est analysée par la jurisprudence et la doctrine comme un contrat sui generis, c'est-à-dire un contrat d'une nature particulière qui emprunte à la fois au louage de services et au contrat d'entreprise sans se confondre totalement avec eux. Ce contrat se forme par consentement tacite lors de la première consultation et emporte des obligations réciproques : le médecin s'oblige à prodiguer des soins consciencieux et conformes aux données acquises de la science, le patient s'oblige à payer les honoraires convenus et à observer les prescriptions.

L'obligation du médecin libéral est, en principe, une obligation de moyens et non de résultat. Cela signifie que le médecin ne garantit pas la guérison du patient, mais seulement la mise en œuvre de tous les moyens raisonnables, conformes aux règles de l'art, pour tenter d'obtenir cette guérison. Cette distinction, fondamentale en droit de la responsabilité contractuelle, se justifie par l'aléa inhérent à l'art médical : le corps humain est un système complexe dont les réactions ne sont jamais entièrement prévisibles, et la médecine reste un art incertain malgré les progrès scientifiques. La Loi n° 2024-240 consacre explicitement ce principe à son article 1er en définissant l'erreur médicale comme un événement « considérant obligation de moyens et non de résultats ».

Cette obligation de moyens connaît néanmoins des exceptions dans certaines spécialités ou pour certains actes techniques où le médecin s'engage sur un résultat déterminé. La doctrine française, qui influence la pensée juridique ivoirienne, cite classiquement les exemples de la chirurgie esthétique non réparatrice, de la pose de prothèses, ou des analyses de laboratoire. Dans ces hypothèses, le médecin ou le biologiste garantissent un résultat précis (une augmentation mammaire conforme aux mensurations convenues, une prothèse de hanche fonctionnelle, un dosage sanguin exact), et leur responsabilité peut être engagée sans qu'il soit besoin de prouver une faute dans l'exécution de l'acte, la simple inexécution du résultat promis suffisant.

C. Les zones grises : cumul d'activités et conflits de statuts

Entre le médecin fonctionnaire pur et le médecin libéral pur existent des situations hybrides qui soulèvent des difficultés juridiques spécifiques. La plus fréquente est celle du médecin hospitalier public qui exerce également à titre privé. Cette pratique du « bi-statut », répandue en Côte d'Ivoire comme dans de nombreux pays africains, présente des avantages (complément de revenus pour le praticien, accroissement de l'offre de soins pour la population) mais comporte des risques de conflits d'intérêts et de confusion des responsabilités.

Le Code de Déontologie Médicale n'interdit pas le cumul en soi, mais soumet l'exercice de toute activité médicale privée par un fonctionnaire à l'autorisation préalable de son administration d'origine. L'article 72 du Code dispose : « Un médecin titulaire d'un poste hospitalier ou d'une fonction administrative ne peut entreprendre une activité libérale sans en avoir, au préalable, obtenu l'autorisation de sa hiérarchie. » Cette autorisation peut être assortie de conditions destinées à prévenir les dérives : limitation de la durée hebdomadaire d'activité privée, interdiction d'exercer dans un périmètre géographique concurrent de l'établissement public employeur, obligation de déclarer ses revenus privés.

La question se complique lorsqu'un litige survient et qu'il faut déterminer le régime de responsabilité applicable : responsabilité administrative si l'acte a été accompli dans le cadre des fonctions publiques, responsabilité civile contractuelle s'il relève de l'activité privée. Cette distinction n'est pas toujours aisée. Imaginons un médecin qui, pendant ses heures de service à l'hôpital public, accepte de recevoir en consultation privée un patient fortuné et lui prescrit un traitement qui cause un dommage. S'agit-il d'une faute de service (utilisation abusive des locaux et du temps de l'administration) ou d'une faute contractuelle privée (inexécution du contrat médical conclu avec le patient) ? La réponse dépendra des circonstances concrètes : le patient savait-il qu'il consultait à titre privé ? Le médecin a-t-il perçu des honoraires ? L'acte médical a-t-il été accompli avec les moyens de l'hôpital ou avec des moyens privés ?

Cette complexité plaide pour une clarification du cadre juridique du cumul d'activités, clarification que la Loi n° 2024-240 amorce en imposant au médecin fonctionnaire exerçant à titre privé de disposer d'une convention formelle et d'une assurance propre. Cette exigence devrait permettre, en cas de contentieux, d'identifier plus aisément le régime de responsabilité applicable en fonction du cadre conventionnel dans lequel l'acte litigieux a été accompli.

5.1.3. Le rôle de l'Ordre des Médecins : inscription au tableau et mission de régulation

A. L'Ordre National des Médecins de Côte d'Ivoire : genèse et réorganisation récente

L'institution ordinale constitue un pilier central du dispositif de régulation de la profession médicale en Côte d'Ivoire. Créé dès les premières années de l'indépendance par la Loi n° 60-284 du 10 septembre 1960, l'Ordre National des Médecins de la République de Côte d'Ivoire (ONMCI) incarne la volonté du législateur d'instituer un mécanisme d'autocontrôle professionnel à mi-chemin entre la régulation étatique directe et la liberté corporative totale. Cette création s'inscrit dans un mouvement plus large observable dans la plupart des anciennes colonies françaises d'Afrique, qui ont transposé le modèle ordinal métropolitain tout en l'adaptant aux réalités locales.

L'architecture institutionnelle initiale de l'ONMCI, définie par la loi de 1960, reposait sur une structure bicéphale associant des Conseils Départementaux (échelon local) et un Conseil National (échelon central). Cette organisation a perduré pendant plus de six décennies avant de connaître une réforme substantielle avec l'adoption de la Loi n° 2021-555 du 27 septembre 2021 portant organisation et fonctionnement de l'Ordre des Médecins de Côte d'Ivoire. Cette loi, publiée au Journal Officiel spécial n° 14 du 15 octobre 2021, modernise la gouvernance ordinale en plusieurs points : clarification des mandats électifs, renforcement des pouvoirs de la Section Disciplinaire, précision des modalités de financement, amélioration de la transparence comptable.

Les motivations de cette réforme tiennent à l'évolution démographique de la profession médicale en Côte d'Ivoire. Le nombre de médecins inscrits à l'Ordre a connu une croissance significative depuis les années 1990, passant de quelques centaines à plusieurs milliers de praticiens. Cette massification a nécessité une adaptation des structures de gouvernance pour maintenir l'efficacité du contrôle déontologique et assurer la représentativité des élus ordinaux. Par ailleurs, des dysfonctionnements avaient été pointés par certains médecins : opacité des décisions disciplinaires, longueur des procédures, insuffisance des moyens matériels des Conseils Régionaux. La loi de 2021 entend répondre à ces critiques en professionnalisant la gestion ordinale.

B. Missions légales de l'Ordre : gardien de la moralité professionnelle

L'article 2 de la Loi n° 60-284, repris et complété par la Loi n° 2021-555, assigne à l'ONMCI quatre missions cardinales qui définissent sa raison d'être et délimitent ses prérogatives. Ces missions, loin de se réduire à des déclarations d'intention pieuses, confèrent à l'Ordre des pouvoirs normatifs, disciplinaires et représentatifs d'une ampleur considérable.

La première mission est de « veiller au maintien des principes de moralité, de probité et de dévouement indispensables à l'exercice de la médecine ». Cette formulation, empreinte de solennité, fait de l'Ordre le gardien d'une certaine conception éthique de la profession. Le médecin n'est pas un simple technicien de la santé, mais un dépositaire de valeurs qui transcendent la compétence scientifique : l'honnêteté dans la relation au patient, le désintéressement face à l'argent, le dévouement à la cause du soin. L'Ordre veille à ce que ces valeurs ne soient pas trahies par des comportements indignes : corruption, fraude, abus de faiblesse, abandon de poste. Cette mission morale confère à l'institution ordinale une dimension quasi sacerdotale qui, pour être critiquée par certains comme archaïque, n'en demeure pas moins centrale dans la légitimité de l'Ordre auprès du public.

La deuxième mission est d'« assurer l'observation par tous ses membres des devoirs professionnels ainsi que des règles édictées par le Code de Déontologie ». Cette mission de police interne distingue l'Ordre d'une simple association professionnelle. L'Ordre ne représente pas seulement les intérêts collectifs des médecins face aux pouvoirs publics ou aux tiers ; il contrôle le respect par chaque médecin des normes déontologiques. Ce contrôle s'exerce principalement par le pouvoir disciplinaire, mais également par des actions de sensibilisation, de formation continue, et de médiation entre confrères.

La troisième mission est de « défendre l'honneur et l'indépendance de la profession médicale ». Cette prérogative représentative autorise l'Ordre à prendre publiquement position sur toute question touchant à la pratique médicale, à intervenir dans les débats de politique sanitaire, à alerter les autorités sur les menaces pesant sur la qualité des soins. L'Ordre agit ici comme porte-parole collectif de la profession, distinct des syndicats médicaux qui défendent les intérêts matériels (rémunérations, conditions de travail). L'indépendance professionnelle, en particulier, constitue un combat récurrent de l'Ordre face aux tentatives d'instrumentalisation de la médecine par des intérêts commerciaux ou politiques.

La quatrième mission, moins médiatique mais importante sur le plan social, est d'« organiser des œuvres d'entraide et de retraite pour ses membres ». Cette dimension mutualiste de l'Ordre vise à protéger les médecins contre les aléas de l'existence : maladie, invalidité, vieillesse. Si cette fonction a perdu de son importance avec le développement des régimes obligatoires de sécurité sociale, elle conserve une pertinence dans un contexte ivoirien où la couverture sociale des professionnels libéraux demeure lacunaire.

C. L'inscription au Tableau : sésame obligatoire de l'exercice médical

L'inscription au Tableau de l'Ordre constitue, avec le diplôme, la seconde condition légale d'exercice de la médecine en Côte d'Ivoire. L'article 2 de la Loi n° 2024-240 est formel : nul ne peut exercer s'il n'est « inscrit au tableau de l'Ordre National des Médecins ». Cette exigence, qui peut sembler redondante avec celle du diplôme, remplit en réalité une fonction distincte : elle permet à l'Ordre de vérifier que le candidat à l'exercice réunit non seulement les compétences académiques attestées par le diplôme, mais également les qualités morales et professionnelles attendues d'un médecin.

La procédure d'inscription, réglementée par les articles 25 à 29 de la Loi n° 60-284, se déroule en plusieurs étapes. Le médecin dépose une demande auprès du Conseil Régional de l'Ordre dans la circonscription où il souhaite établir sa résidence professionnelle principale. Cette demande doit être accompagnée de pièces justificatives : copie certifiée conforme du diplôme, extrait du casier judiciaire (bulletin n° 3), certificat de nationalité ivoirienne ou, pour les étrangers, titre de séjour en cours de validité, certificat médical attestant de l'aptitude physique à exercer. Le Conseil Régional dispose d'un délai de deux mois pour statuer sur la demande, délai prorogeable en cas d'enquête complémentaire nécessitant des vérifications auprès d'autorités étrangères.

Le Conseil Régional peut refuser l'inscription pour plusieurs motifs. Le premier motif est l'insuffisance ou l'irrégularité des titres : diplôme non reconnu, falsification de documents. Le deuxième motif est l'indignité morale : condamnation pénale pour crime ou délit infamant, radiation antérieure d'un autre ordre professionnel. Le troisième motif est l'incapacité physique ou mentale rendant impossible l'exercice de la médecine dans des conditions de sécurité pour les patients. Ces motifs de refus sont interprétés restrictivement par les Conseils Régionaux, conformément au principe selon lequel le droit d'exercer sa profession librement est une composante du droit au travail garanti par la Constitution. Le refus doit être motivé et notifié au demandeur par lettre recommandée dans les dix jours suivant la décision.

Le médecin dont la demande d'inscription a été rejetée dispose d'un recours devant la Section Disciplinaire du Conseil National de l'Ordre, qui statue en appel. Ce recours doit être exercé dans un délai de trente jours à compter de la notification du refus. La Section Disciplinaire réexamine l'affaire en fait et en droit, entend le demandeur ou son représentant, et rend une décision qui se substitue à celle du Conseil Régional. Si la Section confirme le refus d'inscription, le demandeur peut encore former un recours en excès de pouvoir devant la Chambre Administrative de la Cour Suprême. Ce recours, de nature contentieuse administrative, permet au juge suprême de contrôler la légalité externe (compétence, procédure, forme) et interne (exactitude matérielle des faits, qualification juridique, absence d'erreur manifeste d'appréciation) de la décision ordinale.

L'inscription au Tableau produit un effet territorial : elle autorise le médecin à exercer sur l'ensemble du territoire national, et pas seulement dans la région du Conseil qui l'a inscrit. L'article 29 de la Loi n° 60-284 est explicite : « L'inscription au tableau d'un conseil départemental rend licite l'exercice de la médecine sur tout le territoire de la République. » Cette règle répond à un impératif de mobilité professionnelle et évite la balkanisation du territoire médical. Un médecin inscrit à Abidjan peut parfaitement ouvrir un cabinet à Bouaké ou à Yamoussoukro sans avoir à solliciter une nouvelle autorisation, sous réserve d'en informer le Conseil Régional compétent du nouveau lieu d'exercice.

L'inscription n'est pas perpétuelle. Elle peut être suspendue ou radiée en cas de sanction disciplinaire, de condamnation pénale incompatible avec l'exercice de la médecine, ou de cessation volontaire d'activité. La radiation entraîne l'interdiction absolue d'exercer sur le territoire ivoirien. Le médecin radié qui persisterait à pratiquer se rendrait coupable d'exercice illégal de la médecine et s'exposerait aux sanctions pénales prévues par la Loi n° 2024-240.

5.2. Les devoirs du médecin

5.2.1. La dignité : respect de la personne humaine et probité professionnelle

A. Le respect de la dignité du patient : essence du Code de Déontologie

Le Code de Déontologie Médicale ivoirien, dans sa formulation inaugurale de 1962, place le respect de la dignité humaine au sommet de la hiérarchie des valeurs professionnelles. L'article 2 énonce en des termes lapidaires mais lourds de sens : « Le respect de la vie et de la personne humaine constitue en toute circonstance le devoir primordial du médecin. » Cette affirmation programmatique ne se réduit pas à une clause de style rhétorique. Elle fonde une conception de la médecine comme service de la personne humaine dans sa dimension intégrale : non seulement le corps biologique, objet de l'intervention technique, mais aussi la conscience, la liberté, l'identité sociale et culturelle du patient.

La notion de dignité humaine, quoique d'usage fréquent dans le discours juridique et philosophique, demeure conceptuellement floue. Le Code de Déontologie ne la définit pas, préférant en décliner les applications concrètes à travers une série d'obligations positives et négatives. Au nombre des obligations positives figure le devoir de correction et d'aménité envers le patient (article 27). Le médecin doit traiter son patient avec courtoisie, bienveillance, sans brutalité verbale ni mépris. Cette exigence de civilité, qui pourrait paraître superflue, revêt en réalité une importance fondamentale dans un contexte où les rapports de classe, de genre, ou d'ethnicité peuvent induire des attitudes discriminatoires. Le médecin issu des élites urbaines qui s'adresse avec condescendance à un patient paysan, le praticien masculin qui infantilise une patiente femme, l'agent de santé qui refuse de parler la langue locale d'un patient non francophone : autant de comportements qui violent la dignité du malade et justifient une sanction disciplinaire.

Au nombre des obligations négatives figure l'interdiction de tout traitement inhumain ou dégradant. Si cette interdiction va de soi pour les actes de torture ou de violence délibérée, elle s'étend également à des situations plus ambiguës où la négligence, l'indifférence, ou la désorganisation du service produisent des souffrances évitables. Laisser un patient gémir de douleur pendant des heures sans analgésie, contraindre une femme à accoucher dans des conditions d'insalubrité, exposer un malade mental à la moquerie du personnel ou des autres patients : autant de situations qui, sans impliquer de maltraitance intentionnelle, portent atteinte à la dignité de la personne et engagent la responsabilité déontologique du médecin.

Le respect de la dignité se manifeste également dans l'obligation de non-discrimination affirmée à l'article 3 du Code de Déontologie : « Le médecin doit soigner avec la même conscience tous ses malades quels que soient leur condition, leur nationalité, leur religion, leur réputation et les sentiments qu'ils inspirent. » Cette égalité de traitement, principe cardinal de toute déontologie médicale depuis Hippocrate, prohibe toute distinction fondée sur des critères étrangers à l'état de santé du patient. Peu importe que le malade soit riche ou pauvre, citoyen ivoirien ou étranger, adepte d'une religion ou athée, respectable ou condamné par la justice : il a droit aux mêmes soins consciencieux. Le médecin qui refuserait de soigner un patient séropositif par peur de la contamination, qui négligerait un détenu criminel par répulsion morale, ou qui exigerait un paiement immédiat avant de porter secours à un accidenté indigent commettrait une faute déontologique grave susceptible d'entraîner sa radiation.

Cette obligation d'égalité connaît néanmoins des limites pratiques que le Code de Déontologie reconnaît implicitement. Le médecin libéral demeure libre de fixer ses honoraires, dans la limite du raisonnable, et peut donc facturer des tarifs différenciés selon les capacités financières du patient. Cette modulation tarifaire, qui pourrait s'analyser comme une discrimination économique, est tolérée au nom de la liberté d'entreprise et du principe de solidarité (les patients fortunés paient plus cher pour compenser la prise en charge gratuite ou à tarif réduit des patients pauvres). De même, le médecin hospitalier public, tenu par le principe d'égalité républicaine dans l'accès au service public, doit composer avec les pénuries de moyens qui l'obligent parfois à des choix tragiques : lorsque les lits de réanimation sont saturés, faut-il admettre en priorité le patient jeune qui a statistiquement plus de chances de survie, ou le patient âgé arrivé le premier ? Ces dilemmes éthiques, inhérents à la médecine de ressources rares, échappent en grande partie au contrôle déontologique dès lors que le médecin agit de bonne foi et selon des critères médicalement justifiés.

B. La dignité de la profession : l'exigence de probité

La notion de dignité dans le Code de Déontologie ne concerne pas uniquement la relation au patient. Elle englobe également le rapport du médecin à sa propre profession, ce que l'on pourrait appeler l'éthique corporative. L'article 1er du Code dispose que le médecin doit « en toutes circonstances, respecter les principes de moralité, de probité et de dévouement indispensables à l'exercice de la médecine ». Cette triade — moralité, probité, dévouement — définit les vertus cardinales du médecin idéal tel que le législateur de 1962 le concevait, dans une vision quelque peu paternaliste et sacrificielle de la profession.

La probité, au cœur de cette triade, désigne l'honnêteté dans les rapports d'argent et de pouvoir. Le médecin probe est celui qui ne cherche pas à s'enrichir indûment aux dépens de ses patients, qui ne cède pas à la corruption, qui n'abuse pas de sa position d'autorité scientifique pour imposer des traitements inutiles ou surfacturés. Cette exigence de probité se traduit dans de nombreuses dispositions du Code de Déontologie qui encadrent la fixation et la perception des honoraires. L'article 48 pose le principe : « Les honoraires du médecin doivent être déterminés avec tact et mesure, en tenant compte de la réglementation en vigueur, des actes médicaux dispensés et des circonstances particulières. » La notion de « tact et mesure » introduit une dimension morale dans la tarification médicale : le médecin doit résister à la tentation d'exploiter la détresse du patient pour exiger des sommes exorbitantes.

L'interdiction de la dichotomie, formulée à l'article 18, illustre également cette préoccupation de probité. « Est interdite toute espèce de commission entre médecins, ou entre médecin et pharmacien, ou médecin et tout praticien auxiliaire médical. » La dichotomie désigne la pratique consistant, pour un médecin, à verser une rétro-commission à un confrère qui lui a adressé un patient, ou à un pharmacien qui lui a recommandé. Cette pratique, perçue comme une forme de corruption déguisée, vicie la relation de confiance entre le patient et le médecin en introduisant un intérêt financier parasite. Le patient doit pouvoir croire que le médecin qui le reçoit en consultation ou le chirurgien qui l'opère agit uniquement dans son intérêt thérapeutique, et non dans un intérêt pécuniaire lié à un arrangement occulte avec le médecin adressant.

De même, l'article 20 prohibe le compérage avec les pharmaciens et les auxiliaires médicaux : « Sont interdites au médecin toutes pratiques de compérage, notamment envers les pharmaciens, les opticiens, les bandagistes, les marchands d'appareils ou de produits quelconques présentés comme utiles à l'amélioration de la santé et les exploitants d'établissements où des soins sont donnés aux malades. » Le compérage consiste, pour le médecin, à prescrire systématiquement les produits d'un fournisseur déterminé moyennant avantages financiers ou en nature. Cette dérive, fréquente dans le secteur pharmaceutique où les laboratoires offrent aux médecins des « incitations à la prescription » (voyages, équipements médicaux, financements de congrès), fausse le jugement médical et expose le patient à des traitements choisis non pour leur efficacité mais pour leur rentabilité commerciale.

La probité exige enfin la transparence dans l'information financière donnée au patient. L'article 49 du Code de Déontologie dispose : « Tout médecin qui prend en charge un malade doit, en principe, lui faire connaître le montant approximatif de ses honoraires ou, dans certaines circonstances, les limites entre lesquelles ils sont susceptibles de varier. » Cette obligation d'information préalable vise à éviter les situations où le patient, après avoir reçu des soins, se voit réclamer une facture disproportionnée qu'il n'est pas en mesure d'honorer. Elle répond également à un souci de contractualisation de la relation médicale : le contrat médical, pour être pleinement valable, suppose que le patient ait consenti en connaissance de cause non seulement aux soins mais aussi à leur coût.

5.2.2. L'humanisme médical : prise en charge sans discrimination et permanence des soins

A. L'obligation de soigner tous les malades : un universalisme exigeant

L'article 3 du Code de Déontologie, déjà cité, affirme le principe d'universalité des soins en imposant au médecin de « soigner avec la même conscience tous ses malades ». Cette formulation mérite d'être scrutée dans ses implications concrètes, qui vont bien au-delà d'une simple injonction morale. Soigner « tous » les malades signifie d'abord l'absence de droit de refus arbitraire de soins. Le médecin libéral, bien qu'entrepreneur indépendant, ne peut refuser un patient pour des motifs discriminatoires : couleur de peau, origine ethnique, orientation sexuelle, statut sérologique. Un tel refus constituerait une violation manifeste du Code de Déontologie et pourrait engager la responsabilité pénale du médecin au titre de la discrimination, infraction prévue et réprimée par le Code Pénal.

Cette obligation de soigner « tous » les malades se heurte toutefois à plusieurs limites que la doctrine et la pratique ordinale ont progressivement reconnues. La première limite est celle de la compétence : un médecin généraliste ne saurait être contraint d'accepter un patient atteint d'une pathologie hautement spécialisée relevant de la neurochirurgie ou de la cardiologie interventionnelle. Le Code de Déontologie lui-même autorise implicitement le refus fondé sur l'incompétence professionnelle en imposant au médecin, à l'article 32, d'« assurer à ses patients des soins consciencieux, dévoués et fondés sur les données acquises de la science, en faisant appel, s'il y a lieu, à l'aide de tiers compétents ». Le devoir de faire appel à un spécialiste libère corrélativement le généraliste de l'obligation de prendre en charge lui-même les cas dépassant sa compétence.

La deuxième limite est celle de la capacité matérielle : un médecin exerçant dans un cabinet modeste ne peut être tenu d'admettre en consultation dix patients simultanément, ni de traiter gratuitement l'ensemble de la patientèle indigente du quartier. Le Code de Déontologie reconnaît implicitement cette limite en n'imposant au médecin libéral aucune obligation de gratuité systématique des soins. Le médecin peut licitement refuser un patient qui s'avère insolvable, à condition de ne pas le laisser dans une situation de péril immédiat et de l'orienter vers une structure publique de prise en charge.

La troisième limite, plus délicate, est celle de la « clause de conscience » qui permet au médecin de refuser d'accomplir un acte qu'il réprouve moralement ou religieusement. Le Code de Déontologie n'évoque cette possibilité qu'indirectement, à l'article 37 concernant l'avortement thérapeutique : « Si le danger que court la femme enceinte est tel qu'il nécessite l'interruption de grossesse, le médecin doit s'incliner devant le refus éventuel de la malade dûment informée ; mais il n'est jamais tenu de pratiquer lui-même cette interruption. » Cette disposition consacre un double droit au refus : celui de la patiente (qui peut s'opposer à l'avortement même si sa vie est en danger) et celui du médecin (qui peut se dégager de l'intervention si elle heurte ses convictions). La généralisation de cette clause de conscience à d'autres actes médicaux (contraception, euthanasie, recherche sur embryon) fait débat dans la doctrine, certains y voyant une protection nécessaire de la liberté de conscience, d'autres une porte ouverte au refus de soins fondé sur des préjugés religieux ou moraux.

B. Le devoir de permanence des soins : servir avant tout

L'article 46 du Code de Déontologie énonce : « Le médecin doit prêter son concours à l'action entreprise par les autorités compétentes en vue de la protection de la santé. » Cette formulation, apparemment technique, recouvre une obligation fondamentale : celle de la permanence des soins. Le médecin ne peut se retrancher derrière la clôture de son cabinet ou les horaires de son service pour se désintéresser des besoins de santé publique. Il doit contribuer, dans la mesure de ses moyens et de ses compétences, aux campagnes de vaccination, aux opérations de dépistage de masse, aux plans d'urgence sanitaire. Cette obligation, qui trouve son origine dans la conception d'une médecine-mission plutôt qu'une médecine-commerce, demeure d'actualité en Côte d'Ivoire où les défis de santé publique (paludisme, VIH, tuberculose, malnutrition) requièrent la mobilisation de tous les acteurs de santé.

Le devoir de permanence se manifeste également dans l'interdiction d'abandonner un patient en cours de traitement. L'article 42 du Code dispose : « Un médecin ne peut abandonner ses malades en cas de danger public, à moins d'y être autorisé par l'autorité compétente ou d'en être empêché par la force majeure. » Cette disposition vise les situations de crise (épidémies, catastrophes naturelles, conflits armés) où la tentation de fuir le danger pourrait saisir le praticien. Le médecin, par son statut et son engagement déontologique, est tenu à un certain héroïsme professionnel : il doit rester à son poste même lorsque le risque personnel s'accroît. Cette obligation, qui peut sembler excessive, s'inscrit dans l'ethos sacrificiel de la profession médicale tel qu'il s'est construit historiquement.

En dehors des situations de danger public, le médecin libéral doit organiser la continuité des soins pour ses patients. S'il doit s'absenter (congés, formation, déplacement), il doit confier ses patients à un confrère ou s'assurer qu'ils pourront être pris en charge par une autre structure. L'article 44 précise : « Sauf cas de force majeure, le médecin qui se trouve dans l'impossibilité de continuer ses soins, notamment du fait d'un déplacement occasionnel ou d'un congé, doit en informer ses malades et faire en sorte qu'ils puissent être soignés par d'autres médecins. » L'absence d'organisation de la continuité constitue une faute déontologique, particulièrement grave si elle entraîne une interruption dommageable du traitement d'un patient.

Cette exigence de permanence se heurte, en pratique, aux réalités socio-économiques de l'exercice médical en Côte d'Ivoire. Dans les zones rurales où un seul médecin couvre un rayon de plusieurs dizaines de kilomètres, la continuité des soins pendant les congés du praticien est souvent illusoire faute de confrère disponible pour le remplacer. Dans les hôpitaux publics urbains chroniquement sous-dotés en personnel, la permanence repose sur des gardes de 24 heures ou plus, exposant les médecins à l'épuisement professionnel. Ces contraintes plaident pour une interprétation raisonnable de l'obligation de permanence, tenant compte des moyens réellement disponibles, plutôt que pour une exigence absolue déconnectée du contexte.

5.2.3. Le contrat médical : devoir de science, de conscience et d'indépendance

A. Le devoir de science : soins conformes aux données acquises

L'article 32 du Code de Déontologie cristallise l'exigence de qualité technique qui pèse sur le médecin : « Le médecin doit assurer à ses patients des soins consciencieux, dévoués et fondés sur les données acquises de la science, en faisant appel, s'il y a lieu, à l'aide de tiers compétents. » Cette formule, reprise de la déontologie française, mérite une exégèse attentive car elle définit le standard juridique par rapport auquel sera appréciée l'existence ou non d'une faute médicale en cas de litige.

L'expression « données acquises de la science » renvoie à l'état des connaissances médicales validées à un moment donné. Le médecin doit se maintenir informé des avancées de la recherche biomédicale, des recommandations de bonne pratique éditées par les sociétés savantes et les autorités sanitaires, des protocoles thérapeutiques éprouvés. Il ne peut se retrancher derrière des méthodes obsolètes ou des croyances personnelles pour justifier une prise en charge non conforme au consensus scientifique. Un médecin qui prescrirait des antibiotiques pour traiter une infection virale (alors que l'inefficacité des antibiotiques sur les virus est une donnée acquise de la science depuis des décennies) commettrait une faute technique engageant sa responsabilité.

Toutefois, la notion de « données acquises de la science » n'implique pas un unanimisme scientifique irréaliste. La médecine contemporaine se caractérise par des zones d'incertitude, des controverses entre écoles, des divergences d'approche thérapeutique. Dans ces situations, le médecin jouit d'une liberté de choix entre plusieurs options scientifiquement défendables, et il ne saurait lui être reproché d'avoir préféré telle méthode à telle autre dès lors que toutes deux sont reconnues comme valides par une partie significative de la communauté scientifique. La responsabilité ne serait engagée que si le médecin adoptait une position manifestement marginale, non étayée par des publications sérieuses ou contredite par l'évidence expérimentale.

Le devoir de science impose corrélativement au médecin une obligation de formation continue. L'article 33 du Code de Déontologie dispose : « Le médecin doit entretenir et perfectionner ses connaissances. » Cette obligation, longtemps demeurée théorique faute de mécanisme de contrôle, tend à se concrétiser avec l'émergence de dispositifs de développement professionnel continu (DPC) sous l'égide de l'Ordre des Médecins et du Ministère de la Santé. L'inscription à des formations, la participation à des congrès, la lecture de revues médicales n'est plus de simples options laissées à la diligence individuelle du praticien mais des impératifs professionnels dont le non-respect pourrait, à terme, être sanctionné disciplinairement.

B. Le devoir de conscience : loyauté et dévouement

Le devoir de conscience, moins aisément définissable que le devoir de science, concerne l'attitude intérieure du médecin face à sa mission. L'article 32 évoque des soins « consciencieux », c'est-à-dire accomplis avec attention, minutie, sans négligence ni précipitation. La conscience professionnelle se distingue de la simple compétence technique : un chirurgien peut être très habile de ses mains tout en manquant de conscience s'il opère dans la hâte, sans prendre le temps de vérifier les antécédents du patient ou de s'assurer de la stérilité des instruments.

Le devoir de conscience implique également la loyauté envers le patient. Le médecin doit s'abstenir de toute tromperie, de tout mensonge, de toute rétention d'information destinée à manipuler les choix du patient dans un sens conforme aux intérêts du praticien plutôt qu'à ceux du malade. Un médecin qui exagérerait la gravité d'une pathologie bénigne pour justifier une intervention chirurgicale lucrative, ou qui minimiserait au contraire les risques d'un traitement pour obtenir le consentement du patient, violerait son devoir de conscience.

Le dévouement, troisième composante de cette triade déontologique, renvoie à une forme de désintéressement ou d'abnégation. Le médecin dévoué est celui qui place l'intérêt du patient au-dessus de son propre confort, de ses horaires, de sa tranquillité. Il accepte d'être dérangé la nuit pour une urgence, de prolonger une consultation au-delà du temps initialement prévu si la situation l'exige, de renoncer à un repos mérité pour assurer une garde. Cette éthique du dévouement, qui imprègne encore largement le discours ordinal, entre toutefois en tension croissante avec l'aspiration légitime des médecins à un équilibre entre vie professionnelle et vie personnelle. La reconnaissance du syndrome d'épuisement professionnel (burn-out) comme risque psychosocial majeur dans les professions de santé invite à une relecture du devoir de dévouement : non plus comme un sacrifice illimité, mais comme un engagement responsable tenant compte des capacités réelles de chaque praticien.

C. Le devoir d'indépendance : préserver le jugement médical

L'indépendance professionnelle du médecin, affirmée à l'article 5 du Code de Déontologie, constitue une valeur cardinale sans laquelle l'exercice de la médecine dégénérerait en prestation commerciale banalisée. Le médecin « doit toujours agir, dans les limites de ses compétences, dans l'intérêt exclusif de la santé publique et du malade. Soucieux de son indépendance professionnelle, il évite toutes conditions et circonstances de nature à compromettre la qualité de ses soins et de son jugement. »

Cette indépendance comporte plusieurs dimensions. La première est l'indépendance vis-à-vis des pressions commerciales. Le médecin ne doit pas se laisser instrumentaliser par les laboratoires pharmaceutiques, les fabricants de dispositifs médicaux, ou les organismes d'assurance pour prescrire des produits ou recommander des procédures qui ne seraient pas dans l'intérêt du patient. La prolifération des « conflits d'intérêts » dans le secteur de la santé — médecins rémunérés par l'industrie pour promouvoir tel médicament, cliniques privées incitant financièrement leurs praticiens à multiplier les actes — menace structurellement cette indépendance. Le Code de Déontologie, en l'état, offre des remparts limités contre ces dérives, d'où les appels récurrents de la doctrine pour un renforcement de la régulation des liens d'intérêts.

La deuxième dimension est l'indépendance vis-à-vis des autorités administratives ou politiques. Le médecin fonctionnaire, bien que soumis à une hiérarchie, ne peut recevoir d'ordre concernant ses choix thérapeutiques. Un directeur d'hôpital ne saurait imposer à un médecin de pratiquer tel acte médical ou de prescrire tel traitement pour des motifs budgétaires ou organisationnels. L'indépendance clinique demeure un sanctuaire inviolable, garantie ultime de la qualité des soins. De même, le médecin ne doit pas céder aux pressions de groupes religieux, communautaires ou familiaux qui voudraient dicter les modalités de la prise en charge (refus de transfusion sanguine pour motif religieux, exigence d'excision par la famille, etc.). Le médecin statue souverainement selon sa conscience et la science, quitte à heurter des convictions ou des traditions.

La troisième dimension est l'indépendance vis-à-vis du patient lui-même. Paradoxalement, le médecin doit préserver son indépendance face à celui-là même qu'il sert. L'ère du « patient-consommateur », qui exige tel examen ou tel médicament sur la base d'informations glanées sur internet, met à l'épreuve cette indépendance. Le médecin ne saurait se transformer en simple exécutant des volontés du patient. Il garde le droit et le devoir de refuser une prescription qu'il juge inutile ou dangereuse, même si ce refus mécontente le patient. L'article 34 du Code de Déontologie l'affirme explicitement : « Le médecin ne peut aliéner son indépendance professionnelle sous quelque forme que ce soit. »

Cette indépendance trouve une limite dans le consentement éclairé du patient. Le médecin ne peut imposer un traitement contre la volonté du malade capable de discernement. Mais cette limite ne transforme pas le médecin en prestataire passif : il conserve le pouvoir de recommander, de conseiller, d'orienter, et finalement de se retirer de la prise en charge si le patient persiste dans un refus que le praticien juge déraisonnable. L'articulation entre indépendance médicale et autonomie du patient demeure un équilibre délicat, source potentielle de tensions que le droit médical contemporain peine encore à réguler de manière satisfaisante.

5.2.4. Le secret professionnel : contours et dérogations légales

A. Fondement et étendue du secret médical

Le secret professionnel constitue, avec le respect de la vie, l'un des piliers de la déontologie médicale depuis l'Antiquité. Le serment d'Hippocrate enjoignait déjà au médecin de taire « ce qu'il aura vu ou entendu dans l'exercice de son art ou même hors de l'exercice, touchant la vie des hommes et qu'il ne faut pas divulguer ». Le Code de Déontologie ivoirien reprend cette prescription millénaire à son article 7 : « Le secret professionnel s'impose à tout médecin, sauf dérogation par la loi. Il couvre tout ce qui est venu à la connaissance du médecin dans l'exercice de sa profession, c'est-à-dire non seulement ce qui lui a été confié, mais aussi ce qu'il a vu, entendu ou compris. »

Le fondement du secret médical repose sur une double justification. La première, d'ordre pragmatique, tient à l'efficacité thérapeutique : le patient ne peut se confier pleinement au médecin, révéler ses symptômes intimes, décrire ses pratiques sexuelles ou ses consommations de substances psychoactives s'il craint que ces informations ne soient divulguées. Le secret est donc la condition de la franchise du patient, elle-même condition d'un diagnostic fiable. La seconde justification, d'ordre éthique, procède du respect de la vie privée et de la dignité de la personne. Les informations de santé constituent des données particulièrement sensibles, dont la révélation peut exposer l'individu à la stigmatisation, à la discrimination, ou à la mise à l'écart sociale. Le patient séropositif qui verrait son statut divulgué dans son quartier, la femme enceinte hors mariage dont la grossesse serait révélée à sa famille, le malade mental dont les troubles seraient connus de son employeur : autant de situations où la violation du secret causerait un préjudice moral considérable, indépendamment de tout préjudice matériel.

L'étendue du secret médical, telle que définie par l'article 7, est particulièrement large. Elle ne se limite pas aux confidences explicites du patient (« ce qui lui a été confié »), mais englobe toutes les informations dont le médecin a eu connaissance dans le cadre de sa mission : résultats d'examens biologiques, observations cliniques, diagnostic posé, traitement prescrit. Elle couvre même « ce qu'il a compris », c'est-à-dire les déductions que le médecin peut tirer de l'observation du patient sans que celui-ci les ait exprimées verbalement. Ainsi, le médecin qui constaterait des lésions évocatrices de maltraitance conjugale ou d'abus sexuels est tenu au secret de ces constatations, sauf exceptions que nous examinerons infra.

Le secret médical s'impose au-delà de la mort du patient. L'article 7 précise que le secret « s'étend au-delà de la vie du malade ». Cette règle, qui peut surprendre dans la mesure où un défunt n'a plus d'intérêt personnel à protéger, se justifie par le respect dû à la mémoire du disparu et par la protection des proches qui pourraient pâtir de révélations posthumes. Ainsi, le médecin qui aurait soigné un patient décédé pour une maladie honteuse ou socialement stigmatisante ne pourrait, sans l'accord des ayants droit, révéler cette information dans une publication scientifique ou lors d'une expertise judiciaire ultérieure.

Le secret s'impose également dans les rapports entre médecins. Le médecin qui adresse un patient à un confrère spécialiste lui communique les informations médicales nécessaires à la prise en charge, mais cette communication ne dispense pas le second médecin de respecter le secret vis-à-vis de tiers. De même, les discussions entre confrères sur un cas clinique doivent préserver l'anonymat du patient ou s'effectuer dans un cadre où le secret partagé (entre professionnels astreints eux-mêmes au secret) est garanti.

B. Les dérogations légales au secret médical

Le caractère absolu du secret médical connaît des exceptions prévues par la loi, que l'article 7 du Code de Déontologie vise par la formule « sauf dérogation par la loi ». Ces dérogations répondent à des impératifs d'intérêt général ou de protection d'autrui qui, dans certaines circonstances, l'emportent sur l'intérêt du patient à la confidentialité. Le législateur ivoirien, dans le sillage du droit français, a institué trois catégories principales de dérogations : les déclarations obligatoires, les signalements protecteurs, et les révélations judiciaires.

La première catégorie concerne les déclarations obligatoires de maladies transmissibles. La législation sanitaire impose au médecin de déclarer à l'autorité administrative compétente (Direction Départementale de la Santé) la survenue de certaines pathologies dont la diffusion épidémique constitue une menace pour la santé publique : choléra, fièvre jaune, méningite cérébrospinale, rougeole, poliomyélite, tuberculose pulmonaire à frottis positif. Cette déclaration, qui enfreint techniquement le secret médical puisqu'elle révèle qu'un individu identifié est atteint d'une maladie déterminée, est néanmoins rendue obligatoire par les textes réglementaires relatifs à la surveillance épidémiologique. Le médecin qui s'abstiendrait de déclarer un cas avéré de choléra, par exemple, commettrait une infraction administrative et pourrait voir sa responsabilité engagée si cette abstention favorisait la propagation de l'épidémie.

La deuxième catégorie concerne les signalements de situations de maltraitance ou de danger pour les personnes vulnérables. Bien que le Code de Déontologie ivoirien ne comporte pas de disposition explicite sur ce point, la doctrine et la pratique ordinale admettent que le médecin peut déroger au secret lorsqu'il constate des sévices ou des privations infligés à un mineur ou à une personne hors d'état de se protéger. Cette dérogation, qui relève davantage de la faculté que de l'obligation stricte en l'état du droit positif ivoirien, s'appuie sur le principe supérieur de protection de la vie et de l'intégrité physique. Le médecin qui découvrirait qu'une fillette a été victime d'excision ou qu'un enfant présente des lésions traumatiques répétées évocatrices de violences parentales serait fondé à alerter les services sociaux ou l'autorité judiciaire, nonobstant le secret. Toutefois, en l'absence de texte législatif clair autorisant cette révélation, le médecin s'expose à un risque juridique et devra, en cas de poursuites pour violation du secret, invoquer l'état de nécessité ou la légitime défense d'autrui pour justifier son acte.

La troisième catégorie concerne les révélations ordonnées par l'autorité judiciaire. Lorsqu'un médecin est cité comme témoin dans une procédure pénale, il peut être contraint par le juge d'instruction ou le tribunal de révéler des informations couvertes par le secret professionnel si ces informations sont indispensables à la manifestation de la vérité. L'article 180 du Code de Procédure Pénale ivoirien précise que « toute personne citée pour être entendue comme témoin est tenue de comparaître, de prêter serment et de déposer », sous réserve des exceptions légales au témoignage. Le médecin qui refuserait de témoigner en invoquant le secret professionnel pourrait théoriquement être condamné pour refus de témoignage. Toutefois, la Chambre Criminelle française (dont les décisions font autorité persuasive en Côte d'Ivoire faute de jurisprudence nationale) a jugé que le médecin ne peut être contraint de révéler des informations secrètes que si le patient ou ses ayants droit y consentent expressément, ou si le juge lève expressément le secret dans l'intérêt de la justice. Cette solution équilibrée, qui préserve le principe du secret tout en permettant à la justice d'accomplir sa mission, pourrait être utilement consacrée par le législateur ivoirien.

C. La violation du secret médical : sanction pénale et disciplinaire

La violation du secret professionnel par le médecin est sévèrement sanctionnée par le droit ivoirien, tant sur le plan pénal que disciplinaire. Au vu des articles 444 à 448 du Code Pénal (Loi n°2019-574 du 26 juin 2019)[2], le secret professionnel est désormais régi par la Section III du Code Pénal de 2019, qui a abrogé et remplacé l'ancien Code de 1981. L'article 444 dispose que « toute personne dépositaire, par état, profession ou fonction, d'informations à caractère secret, qui révèle ces informations sans l'autorisation de celui qui les lui a confiées ou hors les cas prévus par la loi, est punie d'un emprisonnement de un à six mois et d'une amende de 100.000 à 1.000.000 de francs ». Le médecin, « dépositaire par état » du secret médical, tombe directement sous le coup de cette incrimination.

Les éléments constitutifs de l'infraction méritent précision. D'abord, il faut une révélation, c'est-à-dire une

---

[2] *L'ancienne référence à l'article 383 du Code Pénal de 1981 est désormais obsolète. Dans le Code Pénal de 2019, l'article 383 concerne les violences aggravées sur ascendants ou conjoint, et non plus le secret professionnel.*

communication à un tiers non autorisé d'une information couverte par le secret. Cette révélation peut être orale (conversation, déclaration publique) ou écrite (certificat médical remis sans autorisation, publication d'une observation clinique sans anonymisation). Ensuite, la révélation doit porter sur une information effectivement secrète, c'est-à-dire non connue du public. Si l'information divulguée était déjà notoire, la violation du secret n'est pas caractérisée. Enfin, la révélation doit être intentionnelle : le médecin doit avoir eu conscience de divulguer une information secrète. La révélation par imprudence ou négligence (dossier médical laissé à la vue de tiers dans une salle d'attente, conversation téléphonique à voix haute évoquant un patient) pourrait éventuellement engager la responsabilité civile ou disciplinaire du médecin, mais ne constituerait pas l'infraction pénale qui suppose un élément moral.

Sur le plan disciplinaire, la violation du secret médical figure parmi les fautes les plus graves susceptibles d'entraîner la radiation du Tableau de l'Ordre. L'article 76 de la Loi n° 62-248 instituant le Code de Déontologie prévoit des peines d'emprisonnement de six mois à deux ans et une amende de 100 000 à 1 000 000 de francs CFA pour les infractions aux articles du Code relatifs notamment au secret professionnel. Le cumul de la sanction pénale et de la sanction ordinale est possible, conformément au principe selon lequel une même faute peut engager différents ordres de responsabilité poursuivant des finalités distinctes : la sanction pénale vise à punir l'atteinte à l'ordre public, la sanction ordinale à préserver l'honneur de la profession.

CHAPITRE 6
ÉVOLUTION HISTORIQUE DE LA RESPONSABILITÉ MÉDICALE

L'étude des obligations professionnelles du médecin, telle que développée au chapitre précédent, ne saurait être pleinement intelligible sans une mise en perspective historique. Le droit de la responsabilité médicale ne surgit pas ex nihilo d'une volonté législative abstraite. Il se construit progressivement, par sédimentation de normes, de pratiques et de représentations sociales qui évoluent au gré des transformations de la société et du système de santé. Ce chapitre se propose de retracer l'itinéraire intellectuel et juridique qui a conduit le droit ivoirien de la santé de l'irresponsabilité quasi complète du médecin colonial à l'émergence, encore balbutiante mais réelle, d'un cadre de responsabilité structuré. Cette évolution ne suit pas une ligne droite ni une chronologie uniforme. Elle procède plutôt par ruptures et continuités, emprunts et adaptations, avancées législatives et inerties pratiques.

L'analyse historique que nous proposons ne se limitera pas à une chronique événementielle des textes adoptés. Elle visera à identifier les paradigmes successifs qui ont gouverné la conception de la responsabilité médicale : le paradigme paternaliste hérité de la médecine coloniale, le paradigme légaliste de la première décennie post-indépendance, et le paradigme contemporain qui s'efforce, non sans difficultés, de concilier protection du patient, sécurité juridique du praticien, et viabilité économique du système de soins. Cette périodisation, nécessairement schématique, permet de mettre en lumière les logiques profondes qui structurent le droit actuel et d'anticiper les évolutions futures.

6.1. Genèse de la responsabilité médicale en Côte d'Ivoire

6.1.1. L'héritage colonial : de l'irresponsabilité du "sachant" à l'affirmation théorique de la responsabilité

A. La médecine coloniale et l'absence de responsabilité effective

Pour comprendre l'état actuel du droit de la responsabilité médicale en Côte d'Ivoire, il faut remonter à la configuration du système de santé sous la colonisation française. Durant la période coloniale, la médecine exercée en Afrique Occidentale Française (AOF) était principalement le fait de médecins militaires ou de fonctionnaires de la santé coloniale, relevant du Service de Santé des Colonies. Cette médecine poursuivait des objectifs avant tout utilitaires : maintenir en état de productivité la main-d'œuvre mobilisée pour les grands travaux (chemin de fer, plantations), préserver la santé des colons européens, contenir les grandes endémies susceptibles de compromettre l'exploitation économique du territoire. La dimension thérapeutique individuelle, centrée sur la personne du patient et ses droits, demeurait secondaire.

Dans ce contexte, la question de la responsabilité médicale ne se posait pratiquement pas. Le médecin colonial bénéficiait d'une double immunité : administrative, en tant que fonctionnaire protégé par la puissance publique, et sociologique, en tant que détenteur d'un savoir considéré comme supérieur et incontestable. Les populations africaines, majoritairement analphabètes et sans accès au système judiciaire, ne disposaient ni de la conscience juridique ni des moyens matériels nécessaires pour mettre en cause la responsabilité d'un médecin blanc. Le contentieux médical, lorsqu'il existait, concernait presque exclusivement les colons européens entre eux, et relevait des juridictions métropolitaines selon des mécanismes procéduraux complexes excluant de facto les autochtones.

Cette irresponsabilité de fait s'accompagnait d'une conception paternaliste de la relation médicale. Le médecin décidait seul, sans consentement du patient, des interventions à pratiquer. Les campagnes de vaccination de masse, les traitements contre la maladie du sommeil, les mesures prophylactiques (assèchement de marécages, quarantaines forcées) s'imposaient aux populations par la contrainte administrative, parfois avec le concours de la force publique. La notion de consentement éclairé était totalement étrangère à cette pratique autoritaire de la médecine, qui s'apparentait davantage à une police sanitaire qu'à une relation de soin fondée sur la reconnaissance de l'autonomie du patient.

Le droit applicable, lorsqu'il s'appliquait, était le droit français métropolitain transposé par décrets dans les colonies. Les principes de responsabilité civile énoncés aux articles 1382 et 1383 du Code Civil français existaient donc théoriquement en AOF, mais leur mise en œuvre effective se heurtait aux barrières déjà évoquées : inaccessibilité de la justice pour les autochtones, coût prohibitif des procédures, absence d'avocats spécialisés, préjugés raciaux des magistrats. La doctrine juridique de l'époque coloniale, essentiellement produite en métropole, ne s'intéressait d'ailleurs guère à la responsabilité médicale en contexte colonial, considérant implicitement que les règles ordinaires du droit civil français ne s'appliquaient pas pleinement aux rapports entre médecins européens et patients africains.

B. Les premières années de l'indépendance : maintien des structures et timide affirmation normative

L'accession de la Côte d'Ivoire à l'indépendance le 7 août 1960 aurait pu constituer une rupture radicale dans l'organisation du système de santé et le régime de responsabilité des praticiens. Dans les faits, la continuité l'emporta largement sur le changement. Le personnel médical, majoritairement composé de coopérants français jusqu'aux années 1970, demeura en poste. Les structures sanitaires coloniales (dispensaires, maternités, hôpitaux régionaux) furent reprises telles quelles par le nouvel État. Le cadre juridique, lui aussi, fut reconduit par le mécanisme de la "continuité législative" qui maintenait en vigueur les textes coloniaux non expressément abrogés, dans la mesure de leur compatibilité avec la souveraineté nationale.

Le Code Civil français, applicable en AOF depuis le décret du 14 septembre 1903, devint ainsi le Code Civil ivoirien par simple substitution de la souveraineté étatique. Les articles 1382 et 1383, fondements de la responsabilité civile délictuelle, furent donc intégrés au droit positif ivoirien sans modification de leur libellé. Ces dispositions établissent, rappelons-le, que « tout fait quelconque de l'homme, qui cause à autrui un dommage, oblige celui par la faute duquel il est arrivé à le réparer » (article 1382) et que « chacun est responsable du dommage qu'il a causé non seulement par son fait, mais encore par sa négligence ou par son imprudence » (article 1383). Ces principes généraux s'appliquent à tous les domaines de l'activité humaine, y compris l'exercice de la médecine.

Sur le plan déontologique, le législateur ivoirien fit preuve d'une remarquable célérité en adoptant, dès 1960, deux textes fondateurs : la Loi n° 60-284 du 10 septembre 1960 portant création d'un Ordre National des Médecins, et la Loi n° 62-248 du 31 juillet 1962 instituant un Code de

Déontologie Médicale. Ces textes, largement inspirés du modèle français, posaient les bases d'une régulation professionnelle reposant sur l'autocontrôle corporatif. Le Code de Déontologie énonçait clairement les devoirs du médecin, dont la violation était susceptible d'engager sa responsabilité disciplinaire devant les instances ordinales. Toutefois, ces textes demeurèrent longtemps lettre morte faute de moyens d'application effectifs. L'Ordre des Médecins peinait à s'organiser, les Conseils Régionaux étaient peu actifs, et les sanctions disciplinaires exceptionnelles.

La question de la responsabilité civile et pénale du médecin, quant à elle, ne donna lieu à aucune législation spécifique durant cette période. Le législateur ivoirien aurait pu profiter de la table rase de l'indépendance pour adopter un Code de la Santé Publique regroupant l'ensemble des normes sanitaires, y compris celles relatives à la responsabilité des professionnels. Il ne le fit pas, laissant perdurer une dispersion normative héritée de la période coloniale. Les quelques textes adoptés en matière de santé publique — la Loi n° 61-320 du 17 octobre 1961 sur la protection de la santé publique, la Loi n° 65-250 du 4 août 1965 sur le régime du médicament — ne contenaient aucune disposition relative à la responsabilité médicale proprement dite.

Cette inertie législative s'explique par plusieurs facteurs convergents. D'abord, les priorités du jeune État indépendant se situaient ailleurs : construction des infrastructures, développement économique, consolidation de l'unité nationale. La question juridico-technique de la responsabilité médicale apparaissait secondaire face aux défis massifs de l'extension de la couverture sanitaire et de la lutte contre les grandes endémies. Ensuite, la profession médicale elle-même, numériquement restreinte et socialement prestigieuse, ne voyait pas l'intérêt d'un cadre de responsabilité trop contraignant qui aurait pu décourager l'installation de praticiens dans un pays déjà déficitaire en personnel de santé. Enfin, la faible culture contentieuse de la population et l'absence de mécanismes d'aide juridictionnelle rendaient hautement improbable le développement d'un contentieux médical significatif.

C. Le mimétisme juridique : transposition du modèle français et limites de l'acculturation

L'histoire du droit de la responsabilité médicale en Côte d'Ivoire se caractérise par ce que la doctrine qualifie de "mimétisme juridique" : la reproduction, souvent sans adaptation substantielle, des solutions élaborées par le droit français. Ce mimétisme n'est pas propre au domaine médical ; il concerne l'ensemble du système juridique ivoirien, construit sur les fondations du droit civil romano-germanique français. Plusieurs raisons expliquent ce phénomène. La première tient à la formation des juristes et des magistrats ivoiriens, dispensée soit en France soit en Côte d'Ivoire par des enseignants formés à l'école française. La deuxième raison réside dans la continuité du personnel judiciaire, les magistrats français ayant longtemps siégé dans les juridictions ivoiriennes après l'indépendance. La troisième raison est d'ordre pratique : face au vide législatif ou jurisprudentiel local, il est commode pour le juge ivoirien de se référer à la jurisprudence française, abondante et facilement accessible.

S'agissant de la responsabilité médicale, ce mimétisme se traduit par l'importation de concepts et de distinctions élaborés par la Cour de Cassation française et le Conseil d'État français : distinction entre obligation de moyens et obligation de résultat, théorie de la perte de chance, notion de faute de service détachable, régime de responsabilité sans faute pour risque accepté. Ces catégories juridiques sophistiquées, fruit d'une longue maturation jurisprudentielle en France, ont été transposées en Côte d'Ivoire sans véritable débat doctrinal ni adaptation au contexte local. Les manuels de droit civil utilisés dans les facultés ivoiriennes reproduisent les solutions françaises, les rares décisions de justice rendues en matière médicale s'y réfèrent implicitement, et les auteurs ivoiriens qui se penchent sur la question adoptent généralement une démarche de droit comparé consistant à exposer le droit français puis à constater son applicabilité présumée en Côte d'Ivoire.

Ce mimétisme juridique, s'il présente l'avantage de la cohérence et de la prévisibilité, comporte des limites importantes qui affectent l'effectivité du droit de la responsabilité médicale. La première limite tient à l'inadéquation de certaines solutions juridiques françaises au contexte socio-économique ivoirien. Le droit français de la responsabilité médicale s'est développé dans un environnement de forte densité médicale, de solvabilité généralisée des patients (via la sécurité sociale), d'existence d'un mécanisme d'indemnisation amiable (Commissions Régionales de Conciliation et d'Indemnisation, Office National d'Indemnisation des Accidents Médicaux), et de culture contentieuse établie. Or, ces conditions sont très largement absentes en Côte d'Ivoire : la densité médicale demeure extrêmement faible (environ un médecin pour 10 000 habitants), la majorité de la population n'est pas couverte par une assurance maladie et paie les soins de sa poche, aucun mécanisme d'indemnisation amiable n'existe, et le recours à la justice pour une erreur médicale reste exceptionnel.

La deuxième limite du mimétisme tient à l'absence de jurisprudence locale publiée. En France, le droit de la responsabilité médicale s'est construit essentiellement par voie jurisprudentielle, à travers des milliers de décisions rendues par les juridictions civiles, pénales et administratives, commentées par une doctrine abondante et codifiées dans des revues spécialisées. En Côte d'Ivoire, cette jurisprudence est quasi inexistante ou, plus exactement, non accessible. Les décisions de la Cour Suprême et des Cours d'Appel ne font pas l'objet d'une publication systématique. Les rares affaires de responsabilité médicale jugées demeurent enfouies dans les archives des greffes, inaccessibles aux praticiens, aux chercheurs, aux patients. Cette opacité jurisprudentielle prive le droit ivoirien de la responsabilité médicale de son principal vecteur d'évolution et d'adaptation aux réalités locales.

La troisième limite, plus fondamentale, tient à l'écart entre droit formel et droit vécu. Le droit de la responsabilité médicale, tel qu'il existe dans les codes et dans les manuels, demeure largement théorique tant qu'il n'est pas effectivement appliqué par les juridictions et approprié par les acteurs (médecins, patients, assureurs, autorités sanitaires). Or, en Côte d'Ivoire, cet écart entre le droit des livres et le droit en action est considérable. Une étude récente menée au CHU de Bouaké a révélé que 78% des médecins interrogés méconnaissaient les règles juridiques applicables à leur responsabilité professionnelle. Cette ignorance du droit par ceux-là mêmes qu'il est censé réguler constitue un obstacle majeur à son effectivité.

6.1.2. L'ancrage juridique contemporain : affirmation progressive de la responsabilité pour faute

A. Les fondements civilistes : articles 1382 et 1383 du Code Civil ivoirien

Malgré les limites évoquées, le droit ivoirien dispose d'un socle normatif solide pour fonder la responsabilité civile du médecin : les articles 1382 et 1383 du Code Civil. Ces articles, reproduisant le texte français de 1804, établissent le régime général de la responsabilité délictuelle (ou extra-contractuelle) applicable à toute personne qui, par sa faute, cause un dommage à autrui. Ce régime s'applique au médecin au même titre qu'à n'importe quel autre citoyen, sans qu'il soit besoin d'une législation spéciale pour l'activer.

La doctrine ivoirienne, dans les rares contributions consacrées à la responsabilité médicale, insiste sur le caractère complet et suffisant de ces dispositions civilistes. Le professeur Yanourga Sanogo, de l'Université Péléforo Gon Coulibaly de Korhogo, écrit ainsi : « Le droit ivoirien dispose des instruments juridiques nécessaires pour sanctionner les fautes médicales. Les articles 1382 et 1383 du Code Civil fournissent un fondement textuel incontestable. Le problème n'est pas législatif mais applicatif. » Cette position traduit une conviction largement partagée parmi les juristes ivoiriens : inutile de multiplier les lois spéciales, les textes existants suffisent ; ce qui manque, c'est leur mise en œuvre effective.

L'application de ces articles au domaine médical suppose de caractériser trois éléments constitutifs de la responsabilité délictuelle : une faute, un dommage, et un lien de causalité entre la faute et le dommage. La faute médicale peut revêtir de multiples formes : erreur de diagnostic, prescription inadaptée, maladresse opératoire, défaut de surveillance post-intervention, manquement aux règles d'asepsie. Elle s'apprécie par référence aux "données acquises de la science" et aux règles de l'art médical telles qu'énoncées par le Code de Déontologie. Le dommage peut être corporel (atteinte à l'intégrité physique du patient), moral (souffrances physiques et psychiques), ou économique (frais médicaux supplémentaires, perte de revenus due à l'incapacité). Le lien de causalité, élément souvent délicat à établir en matière médicale en raison de la complexité du corps humain et de la multiplicité des facteurs étiologiques des pathologies, doit être direct et certain : le dommage doit apparaître comme la conséquence normale et prévisible de la faute.

À côté de la responsabilité délictuelle, le droit ivoirien reconnaît la possibilité d'une responsabilité contractuelle du médecin libéral vis-à-vis de son patient. La relation médecin-patient est en effet analysée par la doctrine comme un contrat sui generis, c'est-à-dire un contrat d'une nature particulière qui se forme tacitement lors de la première consultation. Ce contrat emporte une obligation pour le médecin : celle de fournir des soins consciencieux, attentifs et conformes aux règles de l'art. Cette obligation, selon la qualification classique reprise par la doctrine ivoirienne, est une obligation de moyens et non de résultat. Le médecin ne s'engage pas à guérir le patient, mais seulement à mettre en œuvre tous les moyens raisonnables pour tenter d'obtenir cette guérison. L'inexécution de cette obligation contractuelle, c'est-à-dire le défaut de soins consciencieux, engage la responsabilité contractuelle du médecin sur le fondement de l'article 1147 du Code Civil relatif aux obligations contractuelles.

La distinction entre responsabilité délictuelle et responsabilité contractuelle présente des enjeux pratiques importants en termes de charge de la preuve, de délai de prescription, et de possibilité de clauses limitatives de responsabilité. En responsabilité contractuelle, c'est au créancier (le patient) de prouver l'inexécution de l'obligation par le débiteur (le médecin), mais une fois cette inexécution établie, la faute du débiteur est présumée. En responsabilité délictuelle, la victime (le patient) doit prouver l'ensemble des éléments constitutifs de la responsabilité, y compris la faute. Toutefois, s'agissant d'une obligation de moyens, la distinction s'atténue car le patient devra de toute façon démontrer que le médecin n'a pas mis en œuvre les moyens requis, ce qui revient à prouver une faute.

B. Les fondements pénaux : homicide involontaire et mise en danger d'autrui

Au-delà de la responsabilité civile, le médecin peut voir sa responsabilité pénale engagée lorsque sa faute présente une gravité particulière justifiant la répression publique. Le Code Pénal ivoirien, dans sa version actualisée par la Loi n° 2019-574 du 26 juin 2019, incrimine notamment l'homicide involontaire et les blessures involontaires. L'article 392 dispose : « Est puni d'un emprisonnement de trois mois à trois ans et d'une amende de 100 000 à 1 000 000 de francs, quiconque, par maladresse, imprudence, inattention, négligence ou inobservation des règlements commet involontairement un homicide ou en est involontairement la cause. »

Cette disposition s'applique au médecin dont la faute professionnelle aurait causé le décès d'un patient. Les termes employés par le législateur — maladresse, imprudence, inattention, négligence, inobservation des règlements — correspondent exactement aux types de fautes médicales couramment rencontrées : maladresse dans l'exécution d'un geste chirurgical, imprudence dans le choix d'un traitement à risque sans justification thérapeutique suffisante, inattention lors de la surveillance post-opératoire, négligence dans l'hygiène hospitalière, inobservation des protocoles établis. L'élément moral de l'infraction est constitué par la simple faute d'imprudence ou de négligence, sans qu'il soit besoin de démontrer une intention de nuire. Il s'agit donc d'une infraction non intentionnelle, ce qui la distingue des crimes intentionnels contre la personne (meurtre, assassinat, empoisonnement).

La spécificité de cette infraction en matière médicale tient à la difficulté d'apprécier le caractère fautif du comportement du médecin. Toute intervention médicale comporte une part d'aléa. Un patient peut décéder malgré la mise en œuvre de soins parfaitement conformes aux règles de l'art, simplement en raison de la gravité de sa pathologie, de ses fragilités constitutionnelles, ou d'une réaction imprévisible de son organisme. Le décès ne suffit donc pas à caractériser la faute pénale. Il faut démontrer que le médecin a violé une obligation de prudence ou de diligence dont le respect aurait évité ou rendu moins probable la survenue du décès. Cette démonstration passe généralement par une expertise médicale judiciaire qui comparera la conduite effectivement tenue par le médecin mis en cause avec celle qu'aurait tenue un praticien normalement diligent et compétent placé dans les mêmes circonstances.

Le Code Pénal ivoirien incrimine par ailleurs la non-assistance à personne en danger. L'article 391 punit d'un emprisonnement de trois mois à cinq ans « quiconque s'abstient volontairement de porter à une personne en péril l'assistance que, sans risque pour lui ni pour les tiers, il pouvait lui prêter ». Cette disposition, qui vise en théorie tout citoyen, a vocation à s'appliquer avec une particulière sévérité aux professionnels de santé, dont l'obligation déontologique de porter secours (article 5 du Code de Déontologie) renforce l'obligation pénale générale. Un médecin qui refuserait de soigner un accidenté de la route en arguant qu'il est en congé ou qu'il n'a pas été payé pourrait être poursuivi pour non-assistance à personne en danger, outre les sanctions disciplinaires ordinales.

6.2. La dynamique actuelle de transformation du droit de la responsabilité médicale

6.2.1. Le changement de paradigme : vers une sécurité renforcée du patient

A. L'émergence timide d'une obligation de sécurité

Le droit français de la responsabilité médicale a connu, au tournant des années 2000, une évolution doctrinale et jurisprudentielle majeure avec la consécration d'une "obligation de sécurité" pesant sur les établissements de santé et, dans certains cas, sur les praticiens eux-mêmes. Cette obligation, distincte de l'obligation de moyens traditionnelle, impose au médecin ou à l'établissement de garantir certains résultats en termes de sécurité, indépendamment de toute faute. Ainsi, les infections nosocomiales contractées lors d'une hospitalisation engagent la responsabilité de l'établissement même si aucune faute dans le respect des règles d'hygiène ne peut être démontrée. De même, les dommages causés par un produit de santé défectueux ouvrent droit à indemnisation sans qu'il soit nécessaire de prouver une négligence du médecin prescripteur.

En Côte d'Ivoire, cette évolution vers une obligation de sécurité demeure embryonnaire. Le droit positif ne comporte aucune disposition explicite consacrant une responsabilité sans faute du médecin ou de l'établissement de santé. La Loi n° 2024-240 du 24 avril 2024 portant exercice de la médecine, texte le plus récent et le plus complet en la matière, maintient le principe de la responsabilité pour faute. Son article 56 définit la faute médicale comme « toute erreur médicale dont les conséquences sont le décès, la mise en jeu du pronostic vital, la survenue probable d'un déficit fonctionnel permanent », et son article 1er précise expressément que l'erreur médicale « considère obligation de moyens et non de résultats ». Cette formulation, quoique maladroite sur le plan rédactionnel, traduit clairement la volonté du législateur de maintenir le régime classique de responsabilité pour faute.

Néanmoins, des signes avant-coureurs d'une évolution possible peuvent être identifiés. La doctrine ivoirienne, sous l'influence de la littérature juridique française, commence à discuter de la pertinence d'introduire des mécanismes de responsabilité sans faute pour certains risques médicaux. Le professeur Mariam Maiga Coulibaly, dans ses travaux sur la responsabilité médicale en droit comparé, plaide pour la création d'un fonds d'indemnisation des victimes d'accidents médicaux sur le modèle de l'Office National d'Indemnisation des Accidents Médicaux (ONIAM) français. Ce fonds prendrait en charge l'indemnisation des patients victimes d'aléas thérapeutiques ou d'infections nosocomiales, sans avoir à prouver une faute du médecin ou de l'établissement. Un tel mécanisme, s'il était institué, permettrait de socialiser le risque médical et d'assurer une réparation effective aux victimes tout en préservant les praticiens d'une judiciarisation excessive de leur activité.

La question de l'obligation de sécurité se pose également pour certaines spécialités médicales ou certains actes techniques où l'attente de résultat est légitime. La chirurgie esthétique non réparatrice constitue l'exemple classique : un patient qui se fait opérer pour une rhinoplastie ou une liposuccion ne cherche pas à traiter une pathologie mais à améliorer son apparence. Dans cette hypothèse, il est difficile de justifier que le chirurgien ne soit tenu que d'une obligation de moyens. Le patient attend un résultat esthétique déterminé, et l'absence de ce résultat devrait pouvoir engager la responsabilité du praticien même en l'absence de faute technique dans la réalisation de l'intervention. Cette solution, admise par la jurisprudence française depuis l'arrêt de la Cour de Cassation du 17 janvier 1978, n'a pas encore été consacrée explicitement en Côte d'Ivoire faute de contentieux porté devant les tribunaux. Mais rien n'interdit, sur le plan des principes, qu'un juge ivoirien retienne une qualification d'obligation de résultat en présence d'un acte médical purement esthétique.

B. La judiciarisation croissante : réalité statistique ou fantasme corporatif ?

Le discours sur la "judiciarisation de la médecine" occupe une place centrale dans les débats professionnels et académiques en France, où l'augmentation du nombre de procès intentés contre des médecins et des établissements de santé est régulièrement dénoncée comme une menace pour l'exercice serein de la profession. Ce discours tend à se diffuser également en Côte d'Ivoire, où les médecins expriment parfois la crainte d'une multiplication des mises en cause judiciaires. Cette crainte est-elle fondée ?

Les données disponibles suggèrent que la judiciarisation de la médecine demeure, en Côte d'Ivoire, un phénomène marginal. Aucune statistique officielle sur le nombre d'actions en responsabilité médicale intentées chaque année n'est publiée par le Ministère de la Justice ou par les juridictions. Les rapports d'activité de l'Ordre National des Médecins mentionnent un nombre très faible de plaintes disciplinaires pour faute professionnelle : quelques dizaines par an tout au plus, pour un effectif de plusieurs milliers de médecins inscrits. Quant aux actions civiles ou pénales, elles semblent exceptionnelles. Les études doctorales consacrées à la question, notamment celles menées par des étudiants en Master de droit de la santé, peinent à identifier des cas concrets de contentieux médical ayant donné lieu à une décision de justice publiée.

Plusieurs facteurs expliquent cette faible judiciarisation. Le premier est d'ordre économique : engager une action en justice coûte cher (honoraires d'avocat, frais d'expertise, dépôt de caution), et la majorité de la population ivoirienne ne dispose pas des ressources nécessaires. L'aide juridictionnelle, censée permettre aux plus démunis d'accéder à la justice, demeure peu développée et largement méconnue. Le deuxième facteur est d'ordre sociologique : la culture du contentieux reste peu ancrée dans la société ivoirienne, où les modes alternatifs de règlement des conflits (médiation familiale, conciliation communautaire) prévalent. Porter plainte contre un médecin peut être perçu comme un acte d'hostilité excessive, voire comme une forme d'ingratitude envers celui qui a tenté de soigner. Le troisième facteur est d'ordre technique : prouver une faute médicale requiert une expertise médicale qui, en l'absence de mécanisme d'expertise amiable pré-contentieuse, doit être ordonnée par le juge et réalisée par un expert judiciaire. Or, le nombre d'experts médicaux judiciaires inscrits sur les listes des Cours d'Appel est très réduit, et les délais d'expertise peuvent s'étirer sur plusieurs années, décourageant les victimes potentielles.

Cette sous-judiciarisation, si elle épargne aux médecins ivoiriens l'angoisse contentieuse que connaissent leurs confrères français, présente un revers préoccupant : elle prive les victimes d'erreurs médicales avérées de toute forme de réparation. Une étude réalisée en 2023 par des chercheurs de l'European Scientific Journal a mis en évidence un nombre significatif d'erreurs diagnostiques en Côte d'Ivoire, conduisant à des traitements inadaptés et à des aggravations de l'état de santé des patients. Or, la plupart de ces victimes ne portent pas plainte « pour la simple raison qu'elles n'ont elles-mêmes aucun moyen de savoir si elles ont été confrontées à une erreur médicale ou pas », selon les termes du reportage publié par SciDev.Net en 2020 sur « l'impunité des médecins ». Cette ignorance de leurs droits, combinée à l'absence de recours effectifs, entretient une forme d'impunité de fait qui, loin de servir l'intérêt général, nourrit la défiance envers le système de santé.

6.2.2. L'émergence du patient-acteur et l'impact sur l'évolution du droit

A. L'absence de loi sur les droits des patients : une lacune normative persistante

Contrairement à de nombreux pays développés qui ont adopté des législations consacrant explicitement les droits des patients, la Côte d'Ivoire ne dispose d'aucune loi-cadre en la matière. La France, par exemple, a promulgué la célèbre Loi n° 2002-303 du 4 mars 2002 relative aux droits des malades et à la qualité du système de santé (dite "Loi Kouchner"), qui a codifié et renforcé un ensemble de prérogatives du patient : droit à l'information sur son état de santé, droit d'accéder à son dossier médical, droit de consentir ou de refuser des soins, droit à la réparation des dommages médicaux. Cette loi a profondément transformé la relation médecin-patient en France, en faisant basculer le paradigme d'une médecine paternaliste vers une médecine contractuelle fondée sur l'autonomie du patient.

En Côte d'Ivoire, les droits des patients demeurent éparpillés dans des textes disparates : le Code de Déontologie Médicale (information, consentement, secret), la Constitution (droit à la santé), la Loi n° 2024-240 sur l'exercice de la médecine (obligation d'information en cas de dommage médical). Cette dispersion normative pose plusieurs problèmes. D'abord, elle rend le droit peu lisible pour les citoyens, qui ignorent quels sont exactement leurs droits face au médecin. Ensuite, elle crée des zones d'ombre juridique : certains aspects essentiels de la relation médicale, comme les modalités d'accès au dossier médical ou les conditions du consentement des mineurs et des majeurs protégés, ne sont pas réglementés de manière précise. Enfin, elle prive le droit ivoirien d'un instrument de référence qui aurait pu servir de catalyseur pour une prise de conscience collective de l'importance des droits des patients.

Plusieurs voix se sont élevées, dans le milieu académique et médical ivoirien, pour réclamer l'adoption d'un Code de la Santé Publique ou d'une Loi sur les droits des patients. Le professeur Yanourga Sanogo écrit : « La législation n'est pas à la pointe et se borne à être une copie du droit français alors que nous avons nos réalités ici. » Ce constat, partagé par de nombreux observateurs, plaide pour une codification moderne et adaptée au contexte ivoirien. Un tel code pourrait, par exemple, prévoir des mécanismes simplifiés d'accès à la justice pour les victimes d'erreurs médicales (aide juridictionnelle renforcée, dispense de frais de justice), instituer une procédure d'expertise amiable obligatoire avant toute saisine du juge, ou encore créer des juridictions spécialisées en contentieux médical sur le modèle des Tribunaux du Contentieux de l'Incapacité français.

B. Le consentement éclairé : principe affirmé, application incertaine

Le principe du consentement éclairé du patient, pierre angulaire de l'éthique médicale contemporaine, a été progressivement reconnu par le droit ivoirien, quoique de manière encore imparfaite. Le Code de Déontologie Médicale de 1962, dans sa rédaction initiale, n'évoquait le consentement du patient que de manière allusive et limitée à quelques situations spécifiques (avortement thérapeutique, opérations mutilantes). Ce silence s'inscrivait dans une conception paternaliste de la médecine où le médecin, seul détenteur du savoir scientifique, décidait souverainement de la conduite thérapeutique à tenir dans l'intérêt du malade, sans que ce dernier ait véritablement voix au chapitre.

La Loi n° 2024-240, texte le plus récent en la matière, marque une avancée notable en consacrant explicitement l'obligation pour le médecin de rechercher le consentement éclairé du patient. Bien que la loi ne comporte pas d'article spécifiquement dédié au consentement, son article 58 impose au professionnel de santé d'informer le patient « sur les circonstances et les causes » d'un dommage médical. Par ailleurs, le site internet de l'Ordre National des Médecins précise : « Le praticien doit toujours rechercher le consentement éclairé de la personne examinée ou soignée. Lorsque celle-ci, en état d'exprimer sa volonté, refuse les investigations ou le traitement proposé, le praticien peut se retirer de la prise en charge après l'avoir informé des risques encourus.»

Cette évolution normative, aussi significative soit-elle, se heurte à des obstacles pratiques considérables dans sa mise en œuvre. Le premier obstacle est culturel : dans de nombreuses régions de Côte d'Ivoire, particulièrement en milieu rural, le modèle de décision médicale reste profondément paternaliste. Le patient, souvent peu éduqué et intimidé par l'autorité du médecin, ne se conçoit pas comme un partenaire égal dans la décision thérapeutique mais comme un bénéficiaire passif des soins prescrits par le sachant. Demander son consentement peut même être perçu par certains comme une dérobade du médecin, qui chercherait à se dégager de sa responsabilité.

Le deuxième obstacle est linguistique : le consentement éclairé suppose une information compréhensible par le patient. Or, dans un pays multilingue comme la Côte d'Ivoire où le français (langue officielle) n'est maîtrisé que par une fraction de la population, l'information médicale passe souvent par la traduction approximative d'un accompagnant ou d'un agent de santé intermédiaire. Les nuances indispensables à un consentement véritablement éclairé (différence entre un risque fréquent et un risque rare, distinction entre une intervention nécessaire et une intervention optionnelle) se perdent dans la traduction.

Le troisième obstacle est matériel : dans les hôpitaux publics débordés où le temps de consultation se compte en minutes, le médecin n'a matériellement pas le loisir de fournir au patient l'information détaillée théoriquement requise. Le formulaire de consentement éclairé, pratique courante dans les pays développés pour documenter l'information donnée et l'accord du patient, demeure exceptionnel en Côte d'Ivoire, où la majorité des actes médicaux ne donnent lieu à aucune trace écrite du processus de consentement.

CHAPITRE 7
DES OBLIGATIONS PROFESSIONNELLES DES AUXILIAIRES MÉDICAUX

L'analyse de la responsabilité des professionnels de santé en Côte d'Ivoire ne saurait se limiter aux seuls médecins, qui ne représentent qu'une fraction minoritaire de la main-d'œuvre sanitaire. La pyramide du personnel de santé s'appuie essentiellement sur les auxiliaires médicaux — infirmiers, sages-femmes, techniciens de laboratoire, manipulateurs en radiologie — dont le rôle est déterminant dans la délivrance quotidienne des soins. Ces professionnels assurent la continuité des services de santé, particulièrement en milieu rural et périurbain où ils constituent souvent le premier, voire le seul, recours thérapeutique accessible aux populations. Leur responsabilité juridique, longtemps demeurée dans l'ombre de celle du médecin, mérite une attention spécifique tant les enjeux déontologiques, techniques et contentieux qui la caractérisent présentent des spécificités irréductibles à celles de la responsabilité médicale stricto sensu.

Ce chapitre se propose d'analyser le cadre normatif régissant les obligations des auxiliaires médicaux en Côte d'Ivoire, en mettant en lumière les tensions structurelles qui traversent leur statut professionnel. Ces tensions se manifestent principalement dans la dialectique entre subordination et autonomie : l'auxiliaire médical est-il un simple exécutant des prescriptions médicales, dénué de toute marge d'appréciation et protégé de toute responsabilité personnelle par la couverture hiérarchique du médecin ? Ou dispose-t-il d'une sphère d'autonomie professionnelle impliquant des compétences propres et, corrélativement, une responsabilité personnelle pour les actes qu'il accomplit dans cette sphère ? La réponse à cette question détermine non seulement l'étendue des obligations déontologiques pesant sur ces professionnels, mais aussi le régime de responsabilité applicable en cas de dommage causé au patient.

L'analyse sera conduite en deux temps. Une première section dressera la cartographie des professions paramédicales en Côte d'Ivoire et exposera le cadre réglementaire, encore largement lacunaire, qui définit leurs compétences respectives. La seconde section approfondira les devoirs spécifiques de ces professionnels en distinguant les actes relevant du rôle propre (ou autonome) et ceux relevant du rôle délégué (ou prescrit), avant d'examiner les modalités de la collaboration interprofessionnelle et ses implications en termes de répartition de responsabilité.

7.1. Cartographie et cadre réglementaire des professions paramédicales

7.1.1. La diversité des acteurs paramédicaux : une nébuleuse professionnelle en cours de structuration

A. Les infirmiers : socle du système de soins

Les infirmiers constituent le groupe professionnel paramédical numériquement le plus important en Côte d'Ivoire. Selon les données du Ministère de la Santé et de l'Hygiène Publique, on dénombre plusieurs milliers d'infirmiers diplômés d'État répartis sur l'ensemble du territoire national, auxquels s'ajoutent des infirmiers brevetés et des agents de santé de niveau intermédiaire. Cette diversité de qualifications reflète les différentes filières de formation existantes : les Instituts Nationaux de Formation des Agents de Santé (INFAS) forment des infirmiers diplômés d'État après trois années d'études post-baccalauréat ; les écoles d'infirmiers brevetés proposent une formation plus courte axée sur les compétences techniques de base.

Les infirmiers interviennent dans tous les secteurs du système de santé : hôpitaux publics, cliniques privées, centres de santé urbains et ruraux, services de santé scolaire, médecine du travail. Leurs missions couvrent un spectre extrêmement large : soins curatifs (administration de médicaments, pansements, injections), soins préventifs (vaccinations, dépistage), éducation sanitaire, surveillance de l'état de santé des patients, participation aux urgences, assistance au médecin lors d'interventions chirurgicales. Dans les formations sanitaires de première ligne, notamment en zone rurale où le médecin est absent, l'infirmier assume de facto une fonction de premier recours : il accueille les patients, évalue leur état, pose un diagnostic provisoire, initie un traitement de première intention, et décide de l'orientation vers une structure de référence en cas de pathologie dépassant ses compétences.

Cette polyvalence de fait, imposée par la pénurie médicale, place l'infirmier dans une situation ambiguë au regard du droit. D'un côté, la réglementation limite strictement son champ de compétence et le soumet à la prescription médicale pour un grand nombre d'actes. De l'autre, la réalité du terrain l'oblige à assumer des responsabilités qui excèdent formellement ses attributions légales. Cette tension entre norme et pratique constitue l'une des sources majeures de risque juridique pour les infirmiers ivoiriens, qui peuvent se trouver accusés d'exercice illégal de la médecine lorsqu'ils accomplissent des actes que la nécessité sanitaire leur impose mais que la loi leur interdit.

B. Les sages-femmes et maïeuticiens : gardiennes de la santé maternelle et néonatale

Les sages-femmes occupent une place particulière dans le paysage sanitaire ivoirien en raison de l'importance stratégique de leurs missions pour la réduction de la mortalité maternelle et infantile, priorité nationale de santé publique. Formées dans des écoles spécialisées après l'obtention du baccalauréat, les sages-femmes diplômées d'État bénéficient d'un niveau de compétence et d'autonomie nettement supérieur à celui des autres auxiliaires médicaux. Leur domaine d'intervention spécifique — la surveillance de la grossesse, l'accouchement, les suites de couches, le planning familial — leur confère une expertise reconnue qui justifie l'attribution d'un rôle propre étendu.

Contrairement aux infirmiers dont l'action reste largement subordonnée à la prescription médicale, la sage-femme dispose d'une autonomie décisionnelle significative dans son champ de compétence. Elle peut, sans prescription préalable du médecin, conduire un accouchement physiologique (eutocique), pratiquer une épisiotomie si nécessaire, réaliser une délivrance artificielle, administrer les médicaments usuels de la pratique obstétricale, assurer la surveillance post-natale de la mère et du nouveau-né. Cette autonomie n'est évidemment pas sans limites : la sage-femme doit faire appel au médecin obstétricien lorsqu'elle se trouve confrontée à une situation pathologique dépassant ses compétences (dystocie mécanique nécessitant une césarienne, hémorragie grave, éclampsie, souffrance fœtale aiguë). L'appréciation de cette limite entre le physiologique, relevant de la compétence autonome de la sage-femme, et le pathologique, nécessitant l'intervention médicale, constitue un enjeu déontologique et juridique crucial.

La profession de sage-femme, longtemps exercée sans cadre légal spécifique, a connu une structuration progressive ces dernières décennies. La Loi n° 2014-133 du 24 mars 2014 a créé l'Ordre National des Sages-Femmes et Maïeuticiens de Côte d'Ivoire, instance de régulation professionnelle chargée de veiller au respect des règles déontologiques et de prononcer des sanctions disciplinaires en cas de manquement. Cette création tardive témoigne de la reconnaissance, par les pouvoirs publics, de la spécificité de cette profession et de la nécessité d'un encadrement ordinal comparable à celui dont bénéficient les médecins.

C. Les autres professionnels : techniciens de laboratoire, manipulateurs en radiologie

Au-delà des infirmiers et des sages-femmes, le système de santé ivoirien s'appuie sur un ensemble d'autres professionnels paramédicaux aux compétences techniques spécialisées. Les techniciens de laboratoire d'analyses médicales réalisent les examens biologiques prescrits par les médecins (analyses de sang, d'urine, examens bactériologiques, tests sérologiques) et contribuent ainsi de manière décisive à l'établissement du diagnostic. Les manipulateurs en électroradiologie médicale (radiographie, échographie, scanner, IRM) produisent les images permettant l'exploration des pathologies. Les préparateurs en pharmacie assistent le pharmacien dans la délivrance des médicaments. Les kinésithérapeutes assurent la rééducation fonctionnelle des patients. Les assistants dentaires secondent le chirurgien-dentiste.

Ces professions, quoique moins visibles que celles d'infirmier ou de sage-femme, n'en soulèvent pas moins des questions importantes en termes de responsabilité. Un technicien de laboratoire qui commettrait une erreur dans la réalisation d'un examen (inversion d'échantillons, contamination, mauvais calibrage des appareils) engagerait sa responsabilité si cette erreur conduisait à un diagnostic erroné et à un traitement inadapté dommageable pour le patient. De même, un manipulateur radio qui administrerait une dose excessive de rayonnement ionisant pourrait voir sa responsabilité recherchée pour les dommages radiologiques causés. La particularité de ces professions techniques tient à ce que la faute professionnelle consiste souvent en une erreur d'exécution (mauvaise manipulation d'un appareil, non-respect d'un protocole) plutôt qu'en une faute d'appréciation clinique.

Le cadre réglementaire de ces professions demeure, en Côte d'Ivoire, extrêmement fragmentaire. Contrairement aux médecins, infirmiers et sages-femmes qui bénéficient d'une législation spécifique et d'ordres professionnels constitués, la plupart des autres auxiliaires médicaux ne disposent ni de statut légal précis, ni d'instance ordinale, ni de code de déontologie formalisé. Leur exercice professionnel relève d'une réglementation parcellaire, souvent limitée à des arrêtés ministériels fixant les conditions de diplôme et d'autorisation d'exercice. Cette carence normative pose problème en termes de responsabilité : en l'absence de corpus déontologique clairement établi, il devient difficile de déterminer précisément quelles sont les obligations professionnelles dont la violation constituerait une faute engageant la responsabilité de ces praticiens.

7.1.2. Le cadre réglementaire : entre lacunes persistantes et avancées récentes

A. L'émergence tardive des ordres professionnels paramédicaux

Pendant des décennies après l'indépendance, les professions paramédicales en Côte d'Ivoire sont demeurées dépourvues d'organisation ordinale propre. Alors que les médecins bénéficiaient, dès 1960, d'un Ordre National chargé de réguler la profession et de sanctionner les manquements déontologiques, les infirmiers et sages-femmes exerçaient sans encadrement corporatif structuré. Cette asymétrie reflétait une conception hiérarchique de l'organisation sanitaire où seuls les médecins, sommets de la pyramide professionnelle, méritaient un statut autonome, les auxiliaires demeurant dans une position de subordination excluant toute forme d'autoréglementation.

Cette situation a évolué progressivement. La Loi n° 2014-133 du 24 mars 2014 a créé l'Ordre National des Sages-Femmes et Maïeuticiens de Côte d'Ivoire, marquant une étape importante dans la reconnaissance institutionnelle de cette profession. Cet ordre, structuré sur le modèle de l'Ordre des Médecins avec des conseils régionaux et un conseil national, dispose des mêmes prérogatives : inscription au tableau, contrôle de la déontologie, pouvoir disciplinaire. La création de cet ordre traduit la volonté des pouvoirs publics de responsabiliser les sages-femmes en les dotant d'une instance professionnelle capable de garantir la qualité de leurs pratiques.

La profession infirmière a dû attendre encore plus longtemps pour bénéficier d'une organisation similaire. Ce n'est qu'en 2022, par la Loi n° 2022-794 du 13 octobre 2022, que fut créé l'Ordre National des Infirmiers et Infirmières de Côte d'Ivoire. Cette création très récente explique que l'ordre infirmier soit encore en phase de mise en place effective : élection des conseils régionaux, établissement du tableau national, adoption du règlement intérieur, organisation des premières sessions disciplinaires. Le gouvernement ivoirien a par ailleurs adopté, en 2023, deux projets de loi portant code de déontologie des infirmiers et code de déontologie des sages-femmes, qui n'avaient pas encore été promulgués au moment de la rédaction du présent ouvrage. Ces textes, lorsqu'ils entreront en vigueur, combleront une lacune majeure en formalisant les obligations déontologiques spécifiques de ces professions.

L'existence de ces ordres professionnels présente plusieurs implications importantes. Sur le plan symbolique, elle reconnaît aux infirmiers et sages-femmes le statut de professions à part entière, dotées d'un corpus de règles propres et d'une capacité d'autorégulation. Sur le plan pratique, elle offre un cadre institutionnel pour traiter les plaintes disciplinaires, prononcer des sanctions (avertissement, blâme, suspension temporaire, radiation), et ainsi contribuer à l'amélioration de la qualité des pratiques. Sur le plan juridique, elle facilite la détermination des obligations professionnelles dont la violation peut engager la responsabilité de ces praticiens : les codes de déontologie, une fois adoptés, constitueront des référentiels normatifs permettant au juge civil ou pénal d'apprécier si un comportement professionnel donné est fautif ou non.

B. La distinction "rôle propre / rôle délégué" : un cadre conceptuel importé mais non codifié

L'une des distinctions fondamentales dans l'appréhension juridique de l'activité des auxiliaires médicaux est celle qui sépare le "rôle propre" du "rôle délégué" (ou "rôle prescrit"). Cette distinction, élaborée par le droit français et formalisée dans le Code de la Santé Publique français, permet de délimiter deux sphères d'action aux régimes de responsabilité différents.

Le **rôle propre** désigne l'ensemble des actes que l'auxiliaire médical peut accomplir de sa propre initiative, sans prescription médicale préalable, dans le cadre de sa compétence professionnelle reconnue. Ces actes relèvent de l'autonomie décisionnelle de l'auxiliaire, qui assume alors une responsabilité professionnelle pleine et entière pour leur réalisation. Pour l'infirmier, le rôle propre comprend typiquement les soins d'hygiène et de confort, la surveillance des constantes vitales, la prévention des escarres, l'éducation du patient, l'aide à la prise de médicaments prescrits. Pour la sage-femme, le rôle propre englobe la surveillance de la grossesse normale, la conduite de l'accouchement eutocique, les consultations de planification familiale, la prescription de certains contraceptifs.

Le rôle délégué (ou prescrit) regroupe les actes que l'auxiliaire médical ne peut accomplir que sur prescription médicale écrite, datée et signée. Ces actes, bien qu'exécutés matériellement par l'auxiliaire, demeurent sous la responsabilité première du médecin prescripteur qui en a apprécié l'indication et fixé les modalités. L'auxiliaire assume néanmoins une responsabilité d'exécution : il doit vérifier la cohérence de la prescription, s'assurer de l'identité du patient, respecter les règles techniques d'administration, surveiller les effets et alerter le médecin en cas d'incident. Pour l'infirmier, le rôle prescrit comprend notamment l'administration de médicaments par voie injectable, la pose de perfusions intraveineuses, la réalisation de pansements complexes. Pour la sage-femme, il inclut les actes relevant de la pathologie obstétricale nécessitant l'intervention ou la supervision du médecin.

Cette distinction, quoique conceptuellement claire, soulève d'importantes difficultés d'application dans le contexte ivoirien. La première difficulté tient à l'absence de codification légale précise de cette distinction en droit ivoirien. Contrairement au droit français qui détaille par voie réglementaire (articles R. 4311-1 et suivants du Code de la Santé Publique) la liste des actes relevant du rôle propre et du rôle prescrit pour chaque catégorie d'auxiliaire, le droit ivoirien ne comporte aucun texte équivalent. Le Décret n° 2016-865 fixant la nomenclature des actes médicaux et paramédicaux fournit une liste d'actes à des fins de tarification, mais ne précise pas leur régime juridique (autonome ou prescrit). Les codes de déontologie des infirmiers et des sages-femmes, en cours d'adoption, devraient combler partiellement cette lacune, mais leur contenu n'était pas connu au moment de la rédaction du présent ouvrage.

La deuxième difficulté découle de la pénurie de médecins et de la nécessité pour les auxiliaires médicaux d'assumer, dans de nombreuses formations sanitaires, des responsabilités qui dépassent formellement leur rôle prescrit. Un infirmier isolé dans un dispensaire rural, confronté à un patient présentant une pneumonie, ne peut pas attendre l'arrivée hypothétique d'un médecin pour initier une antibiothérapie. Il prescrit de facto l'antibiotique, acte qui relève normalement du rôle médical et non du rôle infirmier. Cette pratique, quoique nécessaire et tolérée par l'administration sanitaire, expose l'infirmier à un risque juridique en cas de complication : il pourrait être accusé d'exercice illégal de la médecine, les circonstances de nécessité ne constituant pas toujours une cause d'exonération de responsabilité pénale suffisante.

C. Le Code de Déontologie harmonisé CEDEAO : un référentiel supranational supplétif

Face aux carences de la réglementation nationale, le Code de Déontologie harmonisé pour les sages-femmes et les infirmiers de la CEDEAO (Communauté Économique des États de l'Afrique de l'Ouest), élaboré par l'Organisation Ouest-Africaine de la Santé (OOAS), constitue un référentiel important pour appréhender les obligations professionnelles de ces catégories en Côte d'Ivoire. Ce code, applicable dans l'ensemble des États membres de la CEDEAO en l'absence de réglementation nationale contraire, énonce des principes déontologiques généraux et des règles spécifiques régissant l'exercice professionnel.

S'agissant des sages-femmes, le Code CEDEAO reconnaît explicitement leur autonomie dans la conduite de la grossesse et de l'accouchement normaux. Son article 1er définit la sage-femme comme « une personne qui a suivi un programme de formation de base en obstétrique, dûment reconnue par l'État, a acquis les qualifications requises et a été enregistrée ou légalement licenciée pour exercer l'obstétrique ». L'article 47 précise que « la sage-femme doit appeler un médecin lorsque les soins requis sont au-delà de sa compétence professionnelle », consacrant ainsi le principe d'une compétence autonome limitée par les seules exigences de l'état de santé du patient.

Le Code établit également des obligations déontologiques transversales applicables aux sages-femmes comme aux infirmiers : respect de la dignité du patient, secret professionnel, compétence technique maintenue par la formation continue, refus de pratiques discriminatoires, interdiction de la publicité personnelle. Ces obligations, lorsque la réglementation nationale ivoirienne demeure silencieuse, peuvent servir de fondement pour apprécier le caractère fautif ou non d'un comportement professionnel. Un juge ivoirien confronté à un cas de responsabilité d'une sage-femme pourrait ainsi se référer au Code CEDEAO pour déterminer si celle-ci a violé ses obligations professionnelles.

La valeur juridique exacte de ce Code harmonisé CEDEAO en droit ivoirien demeure toutefois incertaine. S'agit-il d'un texte directement applicable, prévalant sur la législation nationale en vertu de la supériorité des traités internationaux régulièrement ratifiés (article 87 de la Constitution ivoirienne) ? Ou n'est-il qu'un instrument de soft law, dépourvu de force contraignante mais susceptible d'inspirer le législateur national et d'éclairer le juge dans son interprétation du droit positif ? La doctrine ivoirienne, très peu développée sur cette question, ne fournit pas de réponse univoque. Dans la pratique, l'impact normatif du Code CEDEAO apparaît limité : peu de professionnels en connaissent l'existence, et aucune décision de justice ivoirienne n'y fait explicitement référence dans les sources accessibles.

7.2. Devoirs et responsabilité des auxiliaires médicaux

7.2.1. La dialectique obéissance-autonomie : responsabilité d'exécution et devoir d'alerte

A. Le principe de subordination hiérarchique et ses limites

La relation entre le médecin et les auxiliaires médicaux qui l'assistent est traditionnellement pensée selon un modèle hiérarchique : le médecin prescrit, l'auxiliaire exécute. Ce modèle, hérité d'une conception militaire de l'organisation hospitalière, repose sur la prééminence de la compétence médicale et la nécessité d'une chaîne de commandement claire garantissant la cohérence des soins. Le médecin, en tant que détenteur du savoir scientifique supérieur et responsable ultime de la prise en charge thérapeutique, dispose d'un pouvoir de direction et de contrôle sur l'activité des auxiliaires placés sous son autorité.

Cette subordination hiérarchique emporte plusieurs conséquences sur le plan de la responsabilité. D'abord, elle implique que l'auxiliaire médical n'est pas libre de refuser d'exécuter une prescription médicale au motif qu'il la jugerait inopportune ou inadaptée : il doit obéir aux instructions du médecin, sauf exception évidente. Ensuite, elle conduit à imputer au médecin prescripteur la responsabilité première des actes accomplis par l'auxiliaire en exécution de ses prescriptions : si un infirmier administre un médicament prescrit par un médecin et que ce médicament cause un dommage au patient en raison d'une indication erronée, c'est le médecin qui engage sa responsabilité professionnelle, non l'infirmier qui n'a fait qu'exécuter l'ordre reçu.

Cette logique de subordination trouve néanmoins ses limites. L'auxiliaire médical n'est pas un robot dépourvu de jugement ; il est un professionnel doté d'une compétence technique propre qui lui confère une capacité, et corrélativement une obligation, d'appréciation critique des prescriptions qu'il est chargé d'exécuter. Ainsi, un infirmier confronté à une prescription médicale manifestement aberrante — par exemple, une dose de médicament dix fois supérieure à la posologie usuelle, ou l'administration d'un produit auquel le patient est notoirement allergique — ne saurait se retrancher derrière l'obéissance hiérarchique pour s'exonérer de toute responsabilité s'il exécute aveuglément cette prescription et cause ainsi un dommage au patient. Il lui incombe, dans une telle situation, d'exercer son devoir d'alerte en signalant au médecin prescripteur l'anomalie constatée et en refusant, le cas échéant, d'exécuter la prescription si le médecin maintient celle-ci malgré les réserves exprimées.

B. Le devoir d'alerte : entre obligation professionnelle et protection juridique

Le devoir d'alerte constitue l'un des piliers de la responsabilité professionnelle des auxiliaires médicaux. Ce devoir, quoique rarement formalisé explicitement dans les textes régissant l'exercice des professions paramédicales en Côte d'Ivoire, découle logiquement de l'obligation générale de compétence et de diligence qui s'impose à tout professionnel de santé. Il s'analyse comme une obligation positive de vigilance : l'auxiliaire médical doit non seulement exécuter correctement les actes qui lui sont prescrits ou confiés, mais aussi surveiller activement l'état du patient et signaler au médecin responsable toute anomalie, toute dégradation, tout événement indésirable susceptible de compromettre la sécurité ou la qualité des soins.

Concrètement, le devoir d'alerte se manifeste dans de multiples situations cliniques. L'infirmier qui administre une transfusion sanguine doit surveiller la survenue de signes d'intolérance (fièvre, frissons, dyspnée) et interrompre immédiatement la transfusion en alertant le médecin si ces signes apparaissent. La sage-femme qui conduit un accouchement doit alerter l'obstétricien dès qu'elle constate des anomalies du rythme cardiaque fœtal, un arrêt de progression, des signes d'hémorragie. Le technicien de laboratoire qui relève des résultats biologiques gravement pathologiques (glycémie extrêmement élevée, insuffisance rénale sévère) doit alerter sans délai le médecin prescripteur plutôt que d'attendre passivement que celui-ci vienne consulter les résultats.

L'obligation d'alerte s'accompagne, dans certaines circonstances, d'une obligation d'action immédiate lorsque l'urgence ne permet pas d'attendre les instructions médicales. Un infirmier confronté à un patient qui fait un arrêt cardiaque ne doit pas attendre l'arrivée du médecin pour débuter les manœuvres de réanimation cardio-pulmonaire ; il doit agir immédiatement dans la limite de ses compétences techniques, quitte à outrepasser formellement son rôle prescrit. Cette action en urgence, guidée par la nécessité de préserver la vie du patient, bénéficie en principe d'une protection juridique au titre de l'état de nécessité, cause d'exonération de responsabilité admise par le droit pénal et le droit civil.

Le non-respect du devoir d'alerte engage la responsabilité personnelle de l'auxiliaire médical et peut conduire à une sanction disciplinaire, civile, voire pénale. Si un infirmier constate qu'un patient placé sous perfusion intraveineuse présente des signes d'œdème pulmonaire traduisant une surcharge liquidienne, mais qu'il néglige d'alerter le médecin et de ralentir le débit de perfusion, et que le patient décède d'une insuffisance cardiaque aiguë, l'infirmier pourrait être poursuivi pour homicide involontaire par négligence. De même, une sage-femme qui détecte une souffrance fœtale aiguë mais tarde à faire appel à l'obstétricien par crainte de paraître incompétente, engageant ainsi la responsabilité de dommages cérébraux chez le nouveau-né, verrait sa responsabilité lourdement engagée.

7.2.2. La responsabilité propre des auxiliaires médicaux : l'exemple de la sage-femme en salle de naissance

A. L'autonomie décisionnelle de la sage-femme : fondements et limites

La sage-femme occupe une position singulière parmi les auxiliaires médicaux en raison de l'étendue de son autonomie professionnelle. Contrairement à l'infirmier dont l'activité demeure largement subordonnée aux prescriptions médicales, la sage-femme dispose d'une compétence décisionnelle propre dans le domaine de la physiologie obstétricale. Elle peut, sans autorisation ni supervision médicale directe, conduire l'ensemble du processus de l'accouchement normal, de l'admission de la parturiente en salle de travail jusqu'à la sortie de la mère et du nouveau-né. Cette autonomie n'est pas simplement tolérée par défaut ; elle est juridiquement reconnue et organisée par le droit.

Le Code de Déontologie harmonisé CEDEAO consacre explicitement cette autonomie en définissant la sage-femme comme une professionnelle habilitée à « dispenser les soins prénatals nécessaires, à conduire les accouchements sous sa propre responsabilité et à prodiguer les soins postnatals ». Cette formulation — « sous sa propre responsabilité » — est essentielle : elle signifie que la sage-femme n'agit pas comme simple exécutante d'une direction médicale, mais comme professionnelle responsable assumant pleinement les décisions prises dans le cadre de sa compétence. Cette responsabilité propre emporte une conséquence juridique importante : en cas de dommage survenu lors d'un accouchement conduit par une sage-femme dans le cadre de sa compétence autonome, c'est elle, et non le médecin de l'établissement, qui voit sa responsabilité personnelle engagée, sauf démonstration d'une faute organisationnelle de l'établissement (défaut de matériel, sous-dotation en personnel).

L'autonomie de la sage-femme n'est évidemment pas illimitée. Elle s'arrête au seuil de la pathologie. Dès lors qu'un accouchement cesse d'être physiologique et bascule dans le domaine de la pathologie obstétricale — dystocie mécanique nécessitant une extraction instrumentale ou une césarienne, hémorragie de la délivrance, éclampsie, procidence du cordon — la sage-femme doit faire appel au médecin obstétricien. Cette obligation de recours au médecin constitue elle-même une obligation professionnelle dont la violation engage la responsabilité de la sage-femme. Une sage-femme qui, par orgueil professionnel ou par crainte d'être jugée incompétente, tenterait de résoudre seule une dystocie alors que la situation requiert manifestement une césarienne, et qui causerait ainsi la mort du fœtus ou des lésions graves à la mère, verrait sa responsabilité lourdement engagée tant sur le plan civil que pénal.

La difficulté pratique réside dans l'appréciation du moment où l'on passe du physiologique au pathologique. Cette appréciation requiert une compétence clinique et une capacité de jugement que seule l'expérience professionnelle permet d'acquérir pleinement. Une sage-femme débutante, confrontée à un accouchement qui stagne, peut légitimement hésiter entre poursuivre l'attente (l'accouchement finira peut-être par progresser naturellement) et appeler prématurément l'obstétricien au risque de paraître inutilement alarmiste. Cette zone grise d'appréciation constitue une source importante de responsabilité potentielle pour les sages-femmes, dont les décisions seront jugées ex post à l'aune de l'évolution clinique effectivement survenue.

B. Les actes techniques délégués : responsabilité partagée

Au-delà de son rôle propre, la sage-femme peut être amenée à accomplir certains actes techniques relevant normalement de la compétence médicale mais que le médecin lui délègue expressément. Ces actes, pratiqués sous la direction et le contrôle du médecin, engagent une responsabilité partagée selon des modalités qu'il convient de préciser.

Prenons l'exemple de la révision utérine, geste invasif consistant à explorer manuellement la cavité utérine après l'accouchement pour s'assurer de la complétude de la délivrance et de l'absence de rétention placentaire. Ce geste, potentiellement source de complications (hémorragie, perforation utérine, infection), relève en principe de la compétence du médecin obstétricien. Toutefois, dans certaines maternités, notamment en zone rurale où le médecin n'est pas présent en permanence, les sages-femmes expérimentées pratiquent couramment cet acte sur délégation tacite du responsable médical de la maternité. Si une complication survient lors d'une révision utérine pratiquée par une sage-femme, la question se pose de savoir qui, du médecin ou de la sage-femme, doit être tenu pour responsable.

La réponse dépend de la nature de la faute commise. Si la faute réside dans l'indication même de la révision utérine (geste pratiqué sans nécessité médicale avérée, ou au contraire omission fautive de pratiquer ce geste alors qu'il s'imposait), c'est le médecin qui prescrit ou autorise l'acte qui engage sa responsabilité. Si en revanche la faute réside dans l'exécution technique de la révision (geste trop brutal, perforation de l'utérus par maladresse), c'est la sage-femme exécutante qui assume la responsabilité. Dans la pratique, le juge confronté à une telle situation tendra souvent à retenir une responsabilité solidaire du médecin et de la sage-femme, le premier pour avoir insuffisamment supervisé l'acte, la seconde pour l'avoir mal exécuté.

Cette logique de partage de responsabilité vaut également pour l'infirmier lorsqu'il accomplit des actes techniques sur prescription médicale. Un infirmier qui administre une injection intraveineuse de potassium à la demande du médecin engage sa responsabilité d'exécution : il doit vérifier la concentration de la solution (le potassium concentré doit impérativement être dilué avant injection sous peine de provoquer un arrêt cardiaque), s'assurer de l'identité du patient, contrôler que la voie veineuse est perméable. Si l'infirmier commet une erreur d'exécution (injection trop rapide, mauvais calcul de dose), sa responsabilité personnelle est engagée indépendamment de celle du médecin prescripteur. Si en revanche l'erreur provient d'une prescription inadéquate (indication erronée, posologie excessive), c'est le médecin qui assume la responsabilité principale, l'infirmier ne pouvant être tenu pour responsable que s'il aurait dû déceler l'erreur manifeste de prescription et alerter le médecin.

7.2.3. Collaboration interprofessionnelle et gestion collective du risque

A. Le travail en équipe : dilution ou concentration de la responsabilité ?

La délivrance moderne des soins de santé s'organise de manière croissante selon un modèle pluridisciplinaire où médecins, infirmiers, sages-femmes, pharmaciens, kinésithérapeutes et autres professionnels collaborent au sein d'équipes intégrées. Ce modèle, censé améliorer la qualité et la sécurité des soins par la coordination des compétences complémentaires, soulève des questions complexes en termes de répartition de responsabilité. Lorsqu'un dommage survient dans le cadre de soins prodigués par une équipe pluridisciplinaire, qui doit être tenu pour responsable ? Le chef d'équipe (généralement un médecin) en vertu de son autorité hiérarchique ? Chaque membre de l'équipe pour la part d'activité dont il avait spécifiquement la charge ? L'établissement de santé en tant que structure organisatrice des soins ?

Le droit ivoirien, en l'absence de jurisprudence publiée et de doctrine développée sur cette question, ne fournit pas de réponse univoque. Par analogie avec les solutions du droit français, on peut néanmoins dégager quelques principes directeurs. Le principe général est celui de la responsabilité individuelle : chaque professionnel répond personnellement des fautes qu'il commet dans l'accomplissement de ses missions propres. Ce principe exclut qu'un membre de l'équipe puisse être tenu pour responsable d'une faute commise par un autre membre dans un domaine qui ne relevait pas de sa compétence ni de son obligation de surveillance. Ainsi, un kinésithérapeute qui assure la rééducation post-opératoire d'un patient ne saurait être tenu pour responsable d'une infection nosocomiale contractée par ce patient en raison d'un défaut d'asepsie lors d'un pansement réalisé par un infirmier : le kinésithérapeute n'a ni compétence ni obligation de contrôler la qualité des soins infirmiers.

Ce principe de responsabilité individuelle connaît toutefois des tempéraments. Le premier concerne le devoir de signalement transversal : même lorsqu'un professionnel n'est pas directement responsable d'un acte de soin, il peut engager sa responsabilité s'il constate une anomalie ou un dysfonctionnement dangereux et qu'il omet de le signaler aux personnes compétentes. Un pharmacien hospitalier qui constate qu'un médicament prescrit à un patient présente une interaction médicamenteuse grave avec un autre traitement en cours doit alerter le médecin prescripteur ; s'il néglige de le faire et que le patient subit un dommage du fait de l'interaction, le pharmacien engage sa responsabilité pour manquement à son devoir d'alerte professionnel.

Le second tempérament concerne la responsabilité du chef d'équipe ou du coordinateur des soins. Lorsqu'un professionnel exerce des fonctions d'encadrement ou de coordination d'une équipe, il assume une obligation de surveillance et d'organisation qui peut engager sa responsabilité en cas de défaillance dans la coordination. Un médecin chef de service qui organise mal les transmissions d'information entre les équipes de garde successives, conduisant à une rupture de continuité dans la surveillance d'un patient grave, pourrait voir sa responsabilité retenue même s'il n'a personnellement commis aucune faute technique dans les soins dispensés à ce patient.

B. La traçabilité des actes et la tenue du dossier médical : enjeux de responsabilité

Dans un contexte de soins pluridisciplinaires, la traçabilité des actes et la tenue rigoureuse du dossier médical revêtent une importance cruciale tant pour la qualité des soins que pour la gestion du risque juridique. Le dossier médical, instrument de communication entre les différents professionnels intervenant auprès d'un même patient, doit retracer l'ensemble du parcours de soins : examens réalisés, diagnostics posés, traitements prescrits, actes accomplis, surveillance effectuée, incidents survenus. Chaque professionnel a l'obligation de consigner dans ce dossier les informations relevant de son domaine d'intervention.

Pour l'infirmier, cette obligation de traçabilité porte sur la tenue d'un dossier de soins infirmiers détaillant les constantes vitales relevées, les traitements administrés avec leurs horaires, les pansements réalisés, les observations cliniques constatées, les incidents survenus. Ce dossier, composante du dossier médical global, permet au médecin de suivre l'évolution du patient et d'adapter sa prise en charge. L'absence de traçabilité constitue en soi une faute professionnelle : un infirmier qui n'inscrit pas dans le dossier l'administration d'un médicament expose le patient au risque d'un double dosage si un collègue, ignorant que le médicament a déjà été administré, le donne à nouveau.

La traçabilité revêt également une dimension médico-légale déterminante en cas de contentieux. Lorsqu'une action en responsabilité est intentée, le dossier médical constitue la principale pièce probatoire permettant de reconstituer le déroulement des faits et d'apprécier la qualité des soins. Un dossier incomplet, illisible ou comportant des incohérences affaiblit considérablement la position de défense des professionnels mis en cause. À l'inverse, un dossier parfaitement tenu, documentant avec précision l'ensemble des actes et des décisions, et démontrant le respect des protocoles et des bonnes pratiques, constitue la meilleure protection juridique pour les soignants. Les auxiliaires médicaux ont donc tout intérêt, dans leur propre protection, à accorder un soin méticuleux à la tenue du dossier de soins, même lorsque la charge de travail rend cette tâche administrative pesante.

PARTIE III
LES SANCTIONS DES OBLIGATIONS PROFESSIONNELLES

CHAPITRE 8
LES FONDEMENTS JURIDIQUES COMMUNS DES SANCTIONS

L'étude des obligations professionnelles du médecin et des auxiliaires médicaux, développée dans la première partie de cet ouvrage, a mis en lumière l'existence d'un corpus normatif dense, quoique lacunaire, encadrant l'exercice des professions de santé en Côte d'Ivoire. Ces obligations, qu'elles soient d'origine législative, réglementaire ou déontologique, demeurent cependant largement théoriques tant qu'elles ne s'accompagnent pas de mécanismes effectifs de sanction en cas de violation. C'est précisément l'objet de cette seconde partie que d'analyser le volet répressif du droit de la responsabilité médicale : comment le système juridique ivoirien sanctionne-t-il les manquements aux obligations professionnelles des soignants ? Quels sont les régimes de responsabilité applicables, leurs conditions de mise en œuvre, leurs effets juridiques ?

Avant d'examiner en détail chacun des quatre régimes de responsabilité — civile, ordinale, administrative et pénale —, il est nécessaire de poser les fondements juridiques communs qui sous-tendent l'ensemble de ces mécanismes de sanction. Ces fondements concernent d'abord la notion même de faute professionnelle, élément central de toute mise en cause de responsabilité : qu'est-ce qu'une faute médicale ? Comment la distinguer d'un aléa thérapeutique inévitable ? Quelle typologie peut-on établir entre les différentes catégories de fautes ? Ils concernent ensuite le lien de causalité, trait d'union indispensable entre la faute et le dommage subi par le patient. Ils portent enfin sur la question cruciale de la preuve : qui doit prouver quoi, et par quels moyens ? Le présent chapitre se propose d'apporter des éléments de réponse à ces questions transversales qui conditionnent la mise en œuvre de toute action en responsabilité.

8.1. La faute professionnelle, élément déclencheur de la responsabilité

8.1.1. Définition et nature juridique de la faute médicale

A. La faute comme violation d'une obligation préexistante

Dans l'acception juridique générale, la faute se définit comme la violation d'une obligation préexistante, qu'elle soit d'origine légale, réglementaire, contractuelle ou simplement d'origine coutumière (obligation générale de prudence et de diligence qui s'impose à tout être humain vivant en société). Cette définition s'applique pleinement au domaine médical. La faute professionnelle du médecin ou de l'auxiliaire médical consiste en la transgression d'une obligation professionnelle : obligation légale édictée par la loi (par exemple, l'obligation de secret professionnel consacrée par l'article 7 du Code de Déontologie et l'article 445 du Code Pénal), obligation réglementaire fixée par décret ou arrêté (normes d'hygiène hospitalière, protocoles de soins), obligation déontologique énoncée par le Code de Déontologie (obligation de soins consciencieux, prohibition de la dichotomie), ou obligation contractuelle découlant du contrat médical tacite qui lie le médecin libéral à son patient.

La Loi n° 2024-240 du 24 avril 2024 portant exercice de la médecine propose une définition légale, quoique restrictive, de la faute médicale. Son article 56 dispose : « Toute erreur médicale dont les conséquences sont le décès, la mise en jeu du pronostic vital, la survenue probable d'un déficit fonctionnel permanent, y compris une anomalie ou une malformation congénitale constitue un cas de faute personnelle du médecin. » Cette définition, critiquable sur le plan juridique car elle limite la faute aux seules erreurs aux conséquences graves, témoigne néanmoins de la volonté du législateur de circonscrire le champ de la responsabilité médicale et d'éviter que toute imperfection dans les soins n'entraîne automatiquement une mise en cause du praticien.

La doctrine ivoirienne, peu développée sur ce point, reprend généralement la définition doctrinale française classique de la faute médicale : tout manquement du médecin aux obligations qui découlent de sa profession, qu'il s'agisse d'une obligation de moyens ou d'une obligation de résultat. Cette définition met l'accent sur la dimension professionnelle de la faute : il ne s'agit pas d'apprécier le comportement du médecin selon les critères applicables au commun des mortels (le "bon père de famille" du droit civil), mais selon les standards propres à la profession médicale. Le médecin est tenu d'agir comme l'aurait fait un praticien normalement diligent et compétent, placé dans les mêmes circonstances de temps, de lieu et de moyens. Cette référence au praticien normalement compétent constitue le critère central d'appréciation de la faute : l'erreur commise aurait-elle pu être évitée par un médecin ordinaire (ni génie ni incompétent) exerçant dans les mêmes conditions ?

B. L'articulation entre faute civile, faute pénale et faute disciplinaire

Une même action ou omission fautive du médecin peut engager simultanément plusieurs types de responsabilité selon qu'elle remplit les conditions propres à chacun de ces régimes. Ainsi, un médecin qui viole le secret professionnel en révélant à un tiers non autorisé des informations confidentielles sur l'état de santé d'un patient commet une faute disciplinaire sanctionnable par l'Ordre des Médecins (violation de l'article 7 du Code de Déontologie), une faute pénale poursuivie devant les tribunaux répressifs (infraction prévue aux articles 444 à 448 du Code Pénal (Loi n°2019-574 du 26 juin 2019), et une faute civile ouvrant droit à réparation du préjudice moral subi par le patient (application des articles 1382 et 1383 du Code Civil). Cette possible superposition des qualifications et des sanctions ne constitue pas une violation du principe non bis in idem (interdiction de juger deux fois la même personne pour les mêmes faits), car les intérêts protégés et les objectifs poursuivis par chaque régime de responsabilité sont distincts.

La faute civile vise la réparation du préjudice subi par la victime : le régime de responsabilité civile délictuelle ou contractuelle cherche à rétablir, dans la mesure du possible, l'équilibre patrimonial rompu par le dommage en obligeant l'auteur de la faute à verser à la victime une somme d'argent (dommages-intérêts) correspondant à l'évaluation monétaire du préjudice. L'action civile est donc essentiellement indemnitaire et réparatrice. Elle peut être intentée par toute personne ayant subi un préjudice direct et certain du fait de la faute : le patient lui-même, ou ses ayants droit en cas de décès.

La faute pénale vise la répression d'un comportement dangereux pour l'ordre social : le régime de responsabilité pénale poursuit l'objectif de sanctionner publiquement l'auteur d'une infraction (crime, délit ou contravention) par une peine (emprisonnement, amende, peine complémentaire) dont le prononcé manifeste la désapprobation de la société. L'action pénale est déclenchée par le Ministère Public (Procureur de la République) qui exerce l'action publique au nom de la société, indépendamment de la volonté de la victime. Toutefois, la victime peut se constituer partie civile dans le procès pénal pour obtenir, en sus de la condamnation pénale du médecin fautif, la réparation de son préjudice.

La faute disciplinaire vise la préservation de l'intégrité de la profession : le régime de responsabilité ordinale cherche à maintenir la qualité et la moralité de l'exercice professionnel en sanctionnant les manquements aux règles déontologiques par des mesures allant de l'avertissement à la radiation définitive du tableau de l'Ordre. L'action disciplinaire est engagée soit d'office par l'Ordre lui-même, soit sur plainte d'un confrère, d'un patient ou d'une autorité administrative. Elle se déroule devant les instances disciplinaires de l'Ordre selon une procédure contradictoire garantissant les droits de la défense.

Cette triplicité des qualifications et des sanctions présente un intérêt pratique considérable pour la victime d'une faute médicale. Elle dispose en effet de plusieurs voies de recours qu'elle peut emprunter cumulativement ou successivement. Elle peut porter plainte devant l'Ordre des Médecins pour obtenir une sanction disciplinaire du praticien fautif (ce qui a un effet symbolique et préventif mais ne lui procure aucune réparation financière). Elle peut déposer plainte pénale pour obtenir une condamnation pénale du médecin (ce qui a également un effet symbolique fort et permet éventuellement d'obtenir réparation par la voie de la constitution de partie civile). Elle peut enfin intenter une action civile devant les juridictions civiles ou administratives pour obtenir des dommages-intérêts réparant l'intégralité de son préjudice.

8.1.2. Typologie des fautes : faute technique versus faute déontologique

A. Les fautes techniques : erreurs dans l'art médical

La faute technique, parfois appelée faute d'art ou faute professionnelle stricto sensu, consiste en une erreur dans l'application des règles de l'art médical et des connaissances scientifiques établies.

Elle se caractérise par un manquement aux standards de compétence technique attendus d'un praticien normalement qualifié. Les manifestations concrètes de la faute technique sont multiples et peuvent intervenir à tous les stades du processus de soins : diagnostic, prescription thérapeutique, exécution des actes, surveillance post-thérapeutique.

L'erreur de diagnostic constitue l'une des formes les plus courantes de faute technique. Elle survient lorsque le médecin, après examen du patient, pose un diagnostic erroné ou méconnaît une pathologie qui aurait dû être détectée compte tenu des signes cliniques présents et des moyens d'investigation disponibles. Toute erreur de diagnostic n'est évidemment pas fautive : la médecine n'est pas une science exacte, et certaines pathologies présentent des tableaux cliniques trompeurs ou atypiques rendant le diagnostic difficile même pour un praticien expérimenté. L'erreur diagnostique n'engage la responsabilité du médecin que si elle révèle une méconnaissance grossière des données médicales de base ou une négligence caractérisée dans l'examen du patient. Une étude menée en 2023 par l'European Scientific Journal sur les actions en responsabilité médicale pour faute de diagnostic en Côte d'Ivoire a révélé que les erreurs diagnostiques constituent un problème significatif, souvent lié à la surcharge de travail des médecins et à l'insuffisance des moyens d'investigation.

Les fautes de prescription représentent une autre catégorie importante de fautes techniques. Elles peuvent résulter d'une erreur dans le choix du médicament (prescription d'un antibiotique inefficace sur le germe responsable de l'infection, utilisation d'un anti-inflammatoire chez un patient insuffisant rénal), d'une erreur dans la posologie (dose excessive ou insuffisante), de la méconnaissance d'une contre-indication (prescription d'un médicament tératogène à une femme enceinte), ou d'une interaction médicamenteuse dangereuse entre plusieurs traitements. Ces erreurs, facilement objectivables par référence aux notices de médicaments et aux bases de données pharmaceutiques, engagent lourdement la responsabilité du médecin lorsqu'elles causent un dommage au patient.

Les fautes d'exécution technique concernent les actes invasifs pratiqués par le médecin : actes chirurgicaux, gestes de radiologie interventionnelle, ponctions, biopsies. Elles se manifestent par une maladresse dans l'exécution du geste (section accidentelle d'un vaisseau ou d'un nerf lors d'une intervention chirurgicale, perforation d'un organe lors d'une endoscopie), l'oubli d'un corps étranger dans l'organisme du patient (compresse ou instrument chirurgical laissé dans l'abdomen après fermeture), ou la réalisation d'un geste sur la mauvaise cible (amputation du mauvais membre, intervention sur le mauvais organe). Ces fautes, appelées "never events" dans la terminologie anglo-saxonne car elles ne devraient jamais se produire, engagent la responsabilité du praticien sans difficulté probatoire majeure tant l'erreur est manifeste.

Les fautes de surveillance post-thérapeutique résultent d'une négligence dans le suivi de l'état du patient après un traitement ou une intervention. Un patient opéré doit faire l'objet d'une surveillance rapprochée dans les heures et jours suivant l'intervention pour détecter précocement les complications éventuelles (hémorragie, infection, thrombose). Un patient sous traitement anticoagulant doit bénéficier d'un contrôle biologique régulier pour ajuster la posologie et éviter les surdosages hémorragiques. Le défaut de surveillance, s'il conduit à la survenue d'une complication qui aurait pu être évitée ou atténuée par une surveillance appropriée, constitue une faute technique engageant la responsabilité du médecin.

B. Les fautes déontologiques : violations des devoirs éthiques

Distinctes des fautes techniques, les fautes déontologiques consistent en des violations des obligations éthiques et comportementales édictées par le Code de Déontologie Médicale. Ces fautes ne portent pas nécessairement sur la qualité technique des soins dispensés ; elles concernent plutôt les modalités d'exercice de la profession, la relation avec le patient, les rapports avec les confrères, et le respect des principes fondamentaux qui gouvernent l'éthique médicale.

La violation du secret professionnel constitue la faute déontologique archétypale. Rappelons que l'article 7 du Code de Déontologie Médicale ivoirien énonce : « Le secret professionnel s'impose à tout médecin, sauf dérogation par la loi. » Ce secret couvre tout ce qui est venu à la connaissance du médecin dans l'exercice de sa profession. Sa violation, quelle qu'en soit la forme (divulgation orale à un tiers, communication d'un dossier médical sans autorisation, témoignage en justice sans levée du secret), engage la responsabilité disciplinaire du médecin devant l'Ordre, sa responsabilité pénale au titre de l'article 445 du Code Pénal, et sa responsabilité civile s'il en résulte un préjudice pour le patient.

Le défaut d'information du patient représente une autre catégorie importante de fautes déontologiques. Le médecin a l'obligation de fournir au patient une information loyale, claire et appropriée sur son état de santé, les investigations proposées, les traitements envisageables, leurs risques et bénéfices, les alternatives thérapeutiques. Cette obligation, consacrée par la Loi n° 2024-240 et par la pratique de l'Ordre des Médecins, vise à permettre au patient de consentir aux soins en toute connaissance de cause. Le défaut d'information, même lorsqu'il ne conduit pas à un dommage corporel (les soins ont été techniquement bien réalisés), peut néanmoins ouvrir droit à réparation du préjudice moral résultant de la privation du choix : le patient aurait pu refuser le traitement ou choisir une alternative s'il avait été correctement informé des risques.

Les pratiques commerciales interdites (publicité personnelle prohibée par l'article 11 du Code de Déontologie, dichotomie sanctionnée par l'article 18, compérage avec des pharmaciens ou auxiliaires médicaux visé par l'article 20) constituent également des fautes déontologiques, même si elles n'affectent pas directement la qualité des soins. Ces interdictions visent à préserver l'indépendance du médecin et à empêcher que la médecine ne soit pratiquée comme un commerce où les considérations financières primeraient sur l'intérêt thérapeutique du patient.

Le refus de soins discriminatoire, contraire à l'article 3 du Code de Déontologie qui impose au médecin de « soigner avec la même conscience tous ses malades quels que soient leur condition, leur nationalité, leur religion », constitue une faute déontologique grave. Un médecin qui refuserait de prendre en charge un patient séropositif au VIH, un patient toxicomane, ou un patient indigent, au motif qu'il ne souhaite pas traiter cette catégorie de personnes, engagerait sa responsabilité disciplinaire et pourrait faire l'objet d'une radiation. Cette obligation de non-discrimination connaît toutefois des limites : le médecin conserve une liberté de ne pas prendre en charge un patient pour des raisons tenant à ses propres compétences (il peut refuser un acte qui dépasse ses capacités techniques) ou à des raisons personnelles légitimes (incompatibilité d'humeur avec le patient rendant impossible l'établissement d'une relation de confiance), à condition d'orienter le patient vers un confrère.

8.1.3. Le lien de causalité : élément indispensable mais complexe

A. Le principe : exigence d'un lien direct et certain

Le droit de la responsabilité civile, tant contractuelle que délictuelle, repose sur un triptyque : faute, dommage, lien de causalité. L'existence d'une faute professionnelle du médecin ne suffit pas à engager sa responsabilité ; encore faut-il que cette faute ait causé un dommage au patient. Cette exigence causale, énoncée par l'article 1382 du Code Civil ivoirien (« Tout fait quelconque de l'homme, qui cause à autrui un dommage, oblige celui par la faute duquel il est arrivé à le réparer »), vise à éviter que le médecin soit tenu pour responsable de dommages qui se seraient produits indépendamment de sa faute, du seul fait de l'évolution naturelle de la maladie ou de facteurs extérieurs à son action.

Le lien de causalité doit présenter deux caractères : il doit être direct et certain. Le caractère direct signifie que le dommage doit apparaître comme la conséquence immédiate de la faute, sans qu'intervienne entre la faute et le dommage un fait nouveau qui constituerait la véritable cause du préjudice. Le caractère certain exclut les dommages purement hypothétiques ou éventuels : il faut que la faute ait effectivement causé le dommage, et non qu'elle ait seulement pu le causer ou qu'elle ait augmenté le risque qu'il survienne. Cette double exigence de lien direct et certain pose des difficultés considérables en matière médicale en raison de la complexité des mécanismes physiopathologiques et de la multiplicité des facteurs pouvant contribuer à la survenue d'un dommage sanitaire.

Prenons l'exemple d'un patient diabétique et hypertendu qui consulte un médecin pour des douleurs thoraciques, lequel pose un diagnostic de névralgie intercostale sans réaliser d'électrocardiogramme, et qui décède deux jours plus tard d'un infarctus du myocarde. La faute du médecin (erreur diagnostique, défaut de réalisation d'un examen complémentaire élémentaire) semble établie. Mais peut-on affirmer avec certitude que cette faute a causé le décès ? Si l'électrocardiogramme avait été réalisé, aurait-il permis de diagnostiquer l'infarctus en cours de constitution et de mettre en œuvre un traitement salvateur ? Ou l'infarctus était-il déjà si évolué que le décès était inéluctable quels que soient les soins prodigués ? Cette incertitude causale, fréquente en médecine, explique pourquoi de nombreuses actions en responsabilité échouent faute de pouvoir établir le lien de causalité entre la faute alléguée et le dommage subi.

Le droit français a développé, pour pallier cette difficulté, la théorie dite de la "perte de chance", qui permet d'indemniser le patient non du dommage final (le décès), mais de la perte de chance de survie ou de guérison résultant de la faute médicale. Cette théorie, qui sera examinée plus loin, n'a pas encore été explicitement consacrée par la jurisprudence ivoirienne faute de contentieux publié, mais rien n'interdit qu'un juge ivoirien s'en inspire pour résoudre les situations d'incertitude causale.

B. L'appréciation du lien causal : le rôle déterminant de l'expertise médicale

L'établissement du lien de causalité entre la faute et le dommage requiert, dans la quasi-totalité des contentieux médicaux, le recours à l'expertise médicale judiciaire. Le juge, qui n'est pas médecin et ne dispose pas des connaissances techniques nécessaires pour apprécier si tel acte ou telle omission du praticien a effectivement causé tel dommage, doit s'en remettre à l'avis d'un expert médical inscrit sur les listes des Cours d'Appel. Cet expert, désigné par ordonnance du juge, a pour mission d'examiner le dossier médical du patient, d'auditionner les parties, et de répondre aux questions techniques posées par le juge, notamment : la prise en charge du patient était-elle conforme aux règles de l'art ? Y a-t-il eu une faute médicale, et laquelle ? Cette faute a-t-elle causé ou aggravé le dommage subi par le patient ? Quel aurait été le pronostic si les soins appropriés avaient été dispensés ?

Les conclusions de l'expert, consignées dans un rapport écrit et motivé, constituent un élément probatoire essentiel du procès. Le juge n'est certes pas lié par l'avis de l'expert (il peut écarter les conclusions expertales s'il les estime insuffisamment motivées ou contradictoires avec d'autres éléments du dossier), mais en pratique, il suit très généralement les conclusions de l'expert sauf à disposer d'éléments convaincants pour s'en écarter. L'expertise médicale judiciaire joue donc un rôle déterminant dans l'issue du contentieux : un rapport d'expertise concluant à l'absence de faute ou à l'absence de lien causal conduira très probablement au rejet de la demande d'indemnisation ; inversement, un rapport concluant à l'existence d'une faute causale ouvrira la voie à la condamnation du médecin ou de l'établissement de santé.

Cette importance capitale de l'expertise soulève plusieurs difficultés pratiques en Côte d'Ivoire. La première tient au nombre très réduit d'experts médicaux judiciaires inscrits sur les listes des Cours d'Appel, ce qui entraîne des délais d'expertise extrêmement longs (parfois plusieurs années entre la désignation de l'expert et le dépôt de son rapport). La deuxième difficulté concerne l'indépendance et l'impartialité de l'expert : dans un milieu médical relativement restreint où les praticiens se connaissent tous, il existe un risque que l'expert, par esprit de corps ou par crainte de représailles professionnelles, soit réticent à conclure à la faute d'un confrère. La troisième difficulté, d'ordre financier, tient au coût de l'expertise (honoraires de l'expert, frais de déplacement) qui doit en principe être avancé par la partie demanderesse et qui peut constituer un obstacle dissuasif pour les patients démunis.

8.2. L'absence de faute : aléa thérapeutique et perte de chance

8.2.1. L'aléa thérapeutique : quand le dommage survient sans faute

A. Définition et fondement de l'aléa thérapeutique

L'aléa thérapeutique se définit comme la réalisation d'un risque médical imprévisible et inévitable, inhérent à tout acte de soin, qui cause un dommage au patient en l'absence de toute faute du médecin ou de l'établissement de santé. Cette notion, forgée par la doctrine et la jurisprudence française, repose sur la reconnaissance d'une évidence empirique : la médecine n'est pas une science exacte capable de maîtriser totalement les réactions de l'organisme humain ; elle comporte une part irréductible d'incertitude et de risque qui peut se matérialiser même lorsque les soins ont été prodigués de manière techniquement irréprochable.

Les manifestations de l'aléa thérapeutique sont multiples. Un patient peut faire une réaction allergique gravissime (choc anaphylactique) à un médicament administré pour la première fois, alors même qu'aucun antécédent allergique n'était connu et qu'aucun test de sensibilisation n'était techniquement réalisable. Un patient peut développer une complication rarissime d'une intervention chirurgicale pourtant parfaitement réalisée selon les règles de l'art. Un nouveau-né peut présenter une infirmité neurologique consécutive à une souffrance fœtale survenue lors d'un accouchement conduit de manière irréprochable par une sage-femme compétente. Dans toutes ces situations, le dommage existe et peut être considérable, mais aucune faute ne peut être reprochée au professionnel de santé : il a agi conformément aux données acquises de la science, et le dommage résulte de l'aléa inhérent à l'acte médical lui-même.

Le droit français a progressivement reconnu, à travers la Loi n° 2002-303 du 4 mars 2002 relative aux droits des malades (dite Loi Kouchner), un droit à indemnisation des victimes d'aléas thérapeutiques par un fonds public (l'ONIAM - Office National d'Indemnisation des Accidents Médicaux), sans qu'il soit besoin d'établir une faute du praticien. Ce système de socialisation du risque médical, fondé sur le principe de solidarité nationale, permet d'assurer une réparation effective aux victimes tout en préservant les médecins d'une responsabilité qui serait injuste puisque dépourvue de fondement fautif.

B. L'absence de mécanisme d'indemnisation de l'aléa en Côte d'Ivoire

Le droit ivoirien, contrairement au droit français, n'a pas institué de mécanisme public d'indemnisation des victimes d'aléas thérapeutiques. La Loi n° 2024-240 maintient le principe classique selon lequel la responsabilité n'est engagée qu'en cas de faute prouvée. Son article 57 dispose : « Tout établissement, service et organisme dans lesquels sont réalisés des actes individuels de prévention, de diagnostic ou de soins ne sont responsables des conséquences dommageables d'actes de prévention, de diagnostic ou de soins qu'en cas de faute émanant de leur part. » Cettc formulation exclut toute responsabilité sans faute : l'établissement de santé n'indemnise le patient que si une faute lui est imputable.

Cette absence de système d'indemnisation de l'aléa thérapeutique pose un problème d'équité évident. Un patient victime d'un accident médical grave se trouve dans une situation dramatique : il subit un dommage corporel important qui compromet son avenir professionnel et personnel, génère des frais médicaux considérables, et pourtant il ne peut obtenir aucune réparation si l'expertise établit que ce dommage résulte d'un aléa et non d'une faute du praticien. Cette situation est d'autant plus injuste que le patient a subi ce dommage précisément parce qu'il s'est remis entre les mains du système de santé, faisant confiance aux professionnels pour le soigner. Une partie de la doctrine ivoirienne plaide pour la création d'un fonds d'indemnisation sur le modèle français, financé par une cotisation des établissements de santé et des assureurs, qui prendrait en charge l'indemnisation des victimes d'aléas thérapeutiques présentant une certaine gravité.

En l'état actuel du droit, le patient victime d'un aléa thérapeutique en Côte d'Ivoire ne dispose d'aucun recours indemnitaire, sauf s'il parvient à démontrer une faute du praticien ou de l'établissement (ce qui, par définition, contredit la qualification d'aléa). Il peut néanmoins, dans certains cas, obtenir une indemnisation par la voie de l'assurance privée : si le médecin ou l'établissement de santé a souscrit une assurance responsabilité civile professionnelle comportant une clause de garantie étendue couvrant les dommages causés sans faute, l'assureur pourra indemniser le patient à titre gracieux ou transactionnel, sans reconnaissance de responsabilité.

8.2.2. La perte de chance : un mécanisme correctif de l'incertitude causale

A. La théorie de la perte de chance : fondements et mise en œuvre

La théorie de la perte de chance constitue une construction prétorienne (jurisprudentielle) destinée à pallier les difficultés probatoires liées à l'incertitude causale en matière médicale. Elle intervient dans les situations où il est établi que le médecin a commis une faute (erreur de diagnostic, retard de prise en charge, omission d'un examen), mais où il est impossible de prouver avec certitude que cette faute a causé le dommage final (décès ou invalidité du patient). Dans une telle situation, le droit classique de la responsabilité conduirait à rejeter l'action en indemnisation faute de lien de causalité certain entre la faute et le dommage. La théorie de la perte de chance permet de contourner cette impasse probatoire en considérant que la faute a certes privé le patient d'une chance de guérison ou de survie, et que cette perte de chance constitue en elle-même un préjudice indemnisable distinct du dommage final.

Prenons l'exemple d'un patient qui se présente aux urgences avec des symptômes évocateurs d'un accident vasculaire cérébral, mais qui n'est pas examiné par un médecin pendant plusieurs heures en raison d'une désorganisation du service, et qui développe une hémiplégie séquellaire. L'expertise établit que si le patient avait été pris en charge immédiatement et traité par thrombolyse (traitement dissolvant le caillot), il aurait eu 40% de chances d'éviter l'hémiplégie. Peut-on dire avec certitude que la faute (retard de prise en charge) a causé l'hémiplégie ? Non, car même avec une prise en charge immédiate, le patient avait 60% de risques de développer l'hémiplégie. Mais peut-on pour autant rejeter toute indemnisation au motif que le lien causal n'est pas certain ? Ce serait injuste car la faute a incontestablement privé le patient d'une chance réelle d'éviter le dommage.

La solution consiste à indemniser non le dommage final (l'hémiplégie) dans son intégralité, mais la perte de chance d'éviter ce dommage. L'indemnisation sera calculée en appliquant au montant total du préjudice (celui correspondant à l'hémiplégie) un coefficient correspondant au pourcentage de chance perdue. Dans notre exemple, si le préjudice global de l'hémiplégie est évalué à 200 millions de francs CFA, l'indemnisation de la perte de chance sera de 40% de cette somme, soit 80 millions de francs CFA. Le patient ne reçoit donc pas une réparation intégrale (ce qui serait injustifié puisqu'on ne peut affirmer que le dommage n'aurait pas eu lieu sans la faute), mais il obtient une réparation partielle correspondant à la proportion de chance qu'il a perdue du fait de la faute.

B. Application incertaine de la perte de chance en droit ivoirien

La théorie de la perte de chance, bien établie en droit français depuis plusieurs décennies, n'a pas encore été expressément consacrée par la jurisprudence ivoirienne en matière de responsabilité médicale. L'absence de décisions publiées ne permet pas d'affirmer avec certitude que les juridictions ivoiriennes appliquent ou appliqueraient ce mécanisme si elles étaient confrontées à une telle situation. La doctrine ivoirienne, dans les rares contributions consacrées à cette question, se réfère généralement à la jurisprudence française et suggère que les juges ivoiriens pourraient s'en inspirer, mais sans pouvoir citer d'exemple concret d'application.

Sur le plan des principes, rien ne s'oppose à ce qu'un juge ivoirien retienne la théorie de la perte de chance pour indemniser un patient victime d'une faute médicale dans un contexte d'incertitude causale. Les articles 1382 et 1383 du Code Civil ivoirien, qui fondent la responsabilité délictuelle, ne définissent pas précisément la notion de dommage indemnisable ; ils se contentent d'exiger qu'un dommage ait été causé à autrui par la faute du défendeur. Or, la perte de chance constitue bien un dommage : c'est la disparition d'une éventualité favorable, la privation d'une possibilité d'éviter un préjudice ou d'obtenir un avantage. Ce dommage, bien que de nature différente du dommage final effectivement subi, n'en est pas moins réel et certain au moment où il se produit.

L'application de la théorie de la perte de chance suppose toutefois que plusieurs conditions soient réunies. D'abord, il faut établir l'existence d'une faute du médecin ou de l'établissement de santé : la perte de chance ne dispense pas de prouver la faute, elle permet seulement de contourner la difficulté de prouver le lien causal certain entre cette faute et le dommage final. Ensuite, il faut démontrer l'existence d'une chance réelle et sérieuse : la chance perdue ne doit pas être purement hypothétique ou insignifiante, mais doit représenter une probabilité substantielle appréciée par l'expertise médicale. La jurisprudence française considère généralement qu'une chance inférieure à 10-15% est trop faible pour justifier une indemnisation, tandis qu'une chance supérieure à 80-90% relève de la quasi-certitude et devrait conduire à une indemnisation intégrale plutôt qu'à une application de la théorie de la perte de chance. Enfin, il faut pouvoir évaluer la chance perdue en termes de pourcentage, ce qui requiert un avis médical expert.

CHAPITRE 9
LES QUATRE RÉGIMES DE SANCTIONS DES FAUTES PROFESSIONNELLES

L'analyse des fondements juridiques communs de la responsabilité médicale, développée au chapitre précédent, a mis en évidence la pluralité des qualifications juridiques susceptibles de s'attacher à un même fait générateur : une faute professionnelle du médecin ou de l'auxiliaire médical peut simultanément constituer une faute civile ouvrant droit à réparation du préjudice subi par le patient, une faute pénale justifiant une sanction répressive, une faute disciplinaire relevant de la compétence de l'Ordre professionnel, et une faute administrative engageant le régime disciplinaire de la fonction publique si le praticien exerce en milieu hospitalier public. Cette coexistence de plusieurs régimes de responsabilité, loin de constituer une anomalie juridique, traduit la diversité des intérêts protégés et des objectifs poursuivis par le droit : réparation des victimes (responsabilité civile), répression des comportements dangereux (responsabilité pénale), régulation de la profession (responsabilité ordinale), discipline des agents publics (responsabilité administrative).

Le présent chapitre se propose d'examiner successivement chacun de ces quatre régimes de responsabilité en analysant leurs fondements juridiques spécifiques, leurs conditions de mise en œuvre, leurs procédures, et les sanctions qu'ils permettent de prononcer. Cette analyse sera conduite en gardant constamment à l'esprit les spécificités du contexte ivoirien : lacunes de la législation, rareté du contentieux judiciaire publié, absence de certains mécanismes d'indemnisation existant dans d'autres systèmes juridiques. L'objectif est de fournir aux praticiens, aux juristes et aux étudiants un guide aussi complet et pratique que possible du droit positif applicable en Côte d'Ivoire, tout en signalant les évolutions souhaitables pour améliorer la protection des patients et la sécurité juridique des professionnels de santé.

9.1. La responsabilité civile — réparer le préjudice

9.1.1. Fondements juridiques de la responsabilité civile médicale

A. Les textes de base : le Code Civil ivoirien

La responsabilité civile du médecin et de l'auxiliaire médical trouve son fondement dans les dispositions générales du Code Civil ivoirien relatives à la responsabilité délictuelle et contractuelle. Ces dispositions, héritées du Code Napoléon de 1804 et maintenues en vigueur depuis l'indépendance, constituent le socle normatif à partir duquel s'est construit l'édifice jurisprudentiel de la responsabilité médicale, même si la jurisprudence ivoirienne elle-même demeure largement inaccessible.

L'article 1382 du Code Civil ivoirien énonce le principe cardinal de la responsabilité délictuelle : « Tout fait quelconque de l'homme, qui cause à autrui un dommage, oblige celui par la faute duquel il est arrivé à le réparer. » Cette disposition, d'une concision remarquable, pose les trois conditions cumulatives de la responsabilité civile : une faute (fait quelconque de l'homme contraire au droit ou à l'obligation générale de prudence), un dommage (préjudice subi par autrui), et un lien de causalité (le dommage doit avoir été causé par la faute). Ces trois éléments, analysés au chapitre précédent, doivent être démontrés par la victime qui intente l'action en responsabilité.

L'article 1383 complète cette disposition en précisant : « Chacun est responsable du dommage qu'il a causé non seulement par son fait, mais encore par sa négligence ou par son imprudence. » Cette précision est essentielle en matière médicale car elle établit que la responsabilité peut être engagée même en l'absence d'intention de nuire : la simple négligence (omission d'un acte que la prudence commandait d'accomplir) ou imprudence (accomplissement d'un acte que la prudence commandait de ne pas accomplir) suffit à caractériser la faute. Ainsi, un médecin qui oublie de prescrire un examen complémentaire pourtant indispensable au diagnostic engage sa responsabilité par négligence ; un chirurgien qui pratique une intervention sans s'être assuré de la disponibilité du groupe sanguin compatible en cas de transfusion nécessaire engage sa responsabilité par imprudence.

L'article 1384 alinéa premier du Code Civil pose quant à lui le principe de la responsabilité du fait d'autrui : « On est responsable non seulement du dommage que l'on cause par son propre fait, mais encore de celui qui est causé par le fait des personnes dont on doit répondre, ou des choses qu'on a sous sa garde. » Cette disposition trouve application en matière médicale dans les rapports entre le médecin et ses auxiliaires : le médecin qui dirige une équipe de soins peut être tenu pour responsable des fautes commises par les infirmiers ou autres auxiliaires placés sous son autorité, même s'il n'a personnellement commis aucune faute. De même, l'établissement de santé peut voir sa responsabilité engagée du fait des agissements de ses préposés (médecins salariés, infirmiers, sages-femmes) sur le fondement de la responsabilité du commettant du fait de son préposé.

B. Dualité des régimes : responsabilité contractuelle versus responsabilité délictuelle

Le droit ivoirien de la responsabilité civile, à l'instar du droit français dont il s'inspire largement, distingue deux régimes selon la nature du lien juridique préexistant entre l'auteur de la faute et la victime du dommage. Lorsqu'un contrat lie les parties, la responsabilité civile s'analyse comme une responsabilité contractuelle sanctionnant l'inexécution des obligations contractuelles ; en l'absence de contrat, la responsabilité s'analyse comme une responsabilité délictuelle (ou quasi-délictuelle) sanctionnant la violation de l'obligation générale de ne pas nuire à autrui.

S'agissant de la relation médecin-patient, la qualification juridique de cette relation détermine le régime de responsabilité applicable. Lorsque le patient consulte un médecin libéral en clientèle privée, la doctrine et la jurisprudence françaises, dont s'inspire la pratique ivoirienne, considèrent qu'un contrat médical se forme tacitement entre le médecin et le patient dès l'acceptation par le médecin de prendre en charge le patient. Ce contrat médical, qualifié de contrat sui generis (de nature particulière), présente des caractéristiques propres : il ne s'agit pas d'un contrat de vente ni d'un contrat d'entreprise ordinaire, mais d'un contrat intuitu personae (conclu en considération de la personne du médecin) imposant au médecin une obligation de moyens et non de résultat. Le médecin s'engage à prodiguer au patient des soins consciencieux, attentifs, et conformes aux données acquises de la science, mais il ne garantit pas la guérison.

L'existence de ce contrat médical tacite entraîne plusieurs conséquences sur le plan de la responsabilité. D'abord, le régime applicable est celui de la responsabilité contractuelle régie par les articles du Code Civil relatifs aux obligations contractuelles. Ensuite, la charge de la preuve pèse sur le patient créancier qui doit démontrer l'inexécution par le médecin débiteur de son obligation de moyens, c'est-à-dire prouver que les soins dispensés n'ont pas été conformes aux données acquises de la science ou qu'ils ont été dispensés avec négligence. Enfin, le préjudice indemnisable se limite, en principe, aux conséquences directes et prévisibles de l'inexécution contractuelle, ce qui exclut l'indemnisation des dommages purement imprévisibles.

Lorsqu'en revanche le patient est soigné dans un établissement hospitalier public, la relation ne s'analyse pas comme un contrat mais comme une prise en charge administrative relevant du service public hospitalier. Le patient n'est pas lié par contrat au médecin hospitalier, qui agit en qualité d'agent du service public et non à titre personnel. Dans cette configuration, le régime applicable est celui de la responsabilité administrative, qui obéit à des règles distinctes du droit civil et relève de la compétence des juridictions administratives. Nous reviendrons sur ce régime spécifique dans la section consacrée à la responsabilité administrative.

Il convient de signaler que cette distinction entre responsabilité contractuelle (médecine libérale) et responsabilité administrative (hôpital public) connaît des zones grises. Certains médecins exercent simultanément une activité libérale privée et une activité hospitalière publique. La Loi n° 2024-240 organise cette possibilité de cumul d'activités en exigeant que le médecin fonctionnaire obtienne une autorisation préalable et souscrive une assurance responsabilité civile professionnelle pour son activité privée. Dans un tel cas, si le médecin cause un dommage à un patient lors d'une consultation privée, sa responsabilité personnelle sur le fondement du contrat médical sera engagée ; si le dommage survient lors de son service hospitalier public, c'est la responsabilité administrative de l'établissement qui sera mise en cause.

9.1.2. La mise en œuvre de l'action en responsabilité civile

A. La charge de la preuve et le rôle de l'expertise médicale

Dans tout contentieux de responsabilité civile médicale, la question de la preuve revêt une importance décisive. Conformément au principe général énoncé par l'article 1315 du Code Civil (« Celui qui réclame l'exécution d'une obligation doit la prouver »), il incombe au patient demandeur d'établir les trois éléments constitutifs de la responsabilité : la faute du médecin, le dommage subi, et le lien de causalité entre la faute et le dommage. Cette charge probatoire, lourde pour le patient qui ne dispose généralement ni des connaissances médicales ni des moyens techniques nécessaires pour apprécier si les soins ont été conformes aux règles de l'art, constitue l'un des principaux obstacles à la mise en œuvre effective de la responsabilité médicale.

La preuve de la faute médicale requiert dans la quasi-totalité des cas le recours à une expertise médicale. Le patient devra solliciter du juge la désignation d'un expert médical inscrit sur les listes établies par les Cours d'Appel, lequel aura pour mission d'examiner le dossier médical, d'auditionner les parties et éventuellement des témoins, et de répondre aux questions techniques posées par le juge. L'expert doit notamment déterminer si la prise en charge du patient a été conforme aux données acquises de la science et aux protocoles en vigueur, si des erreurs ont été commises (de diagnostic, de prescription, d'exécution technique, de surveillance), et si ces erreurs constituent des fautes engageant la responsabilité du praticien ou de l'établissement.

L'expertise médicale judiciaire, bien qu'essentielle, soulève de nombreuses difficultés pratiques en Côte d'Ivoire. La première difficulté tient au nombre très limité d'experts inscrits sur les listes des Cours d'Appel, ce qui entraîne des délais d'attente considérables entre la désignation de l'expert et le dépôt de son rapport (parfois deux à trois ans). Ces délais, incompressibles tant que le nombre d'experts demeurera insuffisant, conduisent à une prolongation excessive de la durée totale du contentieux, au détriment du patient qui attend une indemnisation et du médecin qui vit sous la menace d'une condamnation. La deuxième difficulté concerne le coût de l'expertise : les honoraires de l'expert et les frais annexes (déplacements, consultations de spécialistes) doivent en principe être avancés par la partie demanderesse, ce qui peut représenter plusieurs millions de francs CFA et constituer un obstacle prohibitif pour un patient démuni. La troisième difficulté a trait à l'impartialité de l'expert : dans un milieu médical relativement restreint où les praticiens se connaissent, il existe un risque que l'expert soit réticent à conclure à la faute d'un confrère par esprit de corps ou par crainte de représailles professionnelles.

B. L'évaluation du préjudice : typologie et quantification

Une fois la faute et le lien de causalité établis, reste à évaluer le préjudice subi par le patient afin de déterminer le montant des dommages-intérêts qui lui seront alloués. Le droit de la réparation du préjudice corporel a développé, en France notamment, une nomenclature sophistiquée distinguant de multiples postes de préjudice (nomenclature Dintilhac). Le droit ivoirien, en l'absence de nomenclature officielle, se réfère à une typologie plus sommaire distinguant trois grandes catégories de préjudices : les préjudices patrimoniaux (économiques), les préjudices corporels (atteintes à l'intégrité physique), et les préjudices moraux (souffrances psychologiques).

Les préjudices patrimoniaux regroupent l'ensemble des pertes financières et économiques subies par la victime du fait du dommage corporel. Ils comprennent d'abord les frais médicaux exposés ou à exposer : consultations médicales, hospitalisations, examens complémentaires, interventions chirurgicales, médicaments, appareillages (prothèses, fauteuil roulant), soins de rééducation, assistance d'une tierce personne pour les actes de la vie quotidienne. Ces frais, facilement chiffrables par addition des factures et devis, constituent la composante la plus objective du préjudice. Ils incluent également les pertes de revenus professionnels : si la victime a dû interrompre son activité professionnelle du fait du dommage, elle peut réclamer l'indemnisation de la perte de salaire pendant la période d'arrêt de travail ; si elle conserve des séquelles entraînant une incapacité permanente de travail, elle peut réclamer l'indemnisation de la perte de revenus futurs calculée en fonction de la durée probable de sa vie active restante.

Les préjudices corporels correspondent aux atteintes à l'intégrité physique de la victime : souffrances physiques endurées (évaluées sur une échelle de 1 à 7 selon la jurisprudence française), déficit fonctionnel temporaire (période pendant laquelle la victime est totalement ou partiellement empêchée de se livrer à ses activités habituelles), déficit fonctionnel permanent (séquelles définitives entraînant une réduction permanente des capacités physiques ou intellectuelles, évaluées en pourcentage par un médecin expert), préjudice esthétique (cicatrices, déformations corporelles, évalué sur une échelle de 1 à 7), préjudice sexuel (atteinte aux fonctions sexuelles et reproductives). Ces préjudices, bien que de nature non économique, font l'objet d'une évaluation monétaire par le juge qui s'appuie sur les conclusions de l'expert médical et sur la pratique jurisprudentielle (barèmes indicatifs).

Les préjudices moraux englobent les souffrances psychologiques et les troubles dans les conditions d'existence subis par la victime et, le cas échéant, par ses proches : préjudice d'agrément (impossibilité de poursuivre une activité de loisir), préjudice d'établissement (impossibilité de fonder une famille ou de poursuivre un projet de vie en raison du handicap), préjudice d'affection (souffrance morale des proches en cas de décès de la victime). Ces préjudices, par nature difficilement quantifiables, sont évalués souverainement par le juge qui dispose d'un large pouvoir d'appréciation.

La quantification globale du préjudice, résultant de l'addition de tous ces postes, détermine le montant total des dommages-intérêts auxquels la victime peut prétendre. En pratique, les montants alloués par les juridictions ivoiriennes demeurent généralement modestes comparés aux standards européens, ce qui s'explique par le niveau de vie moyen nettement inférieur en Côte d'Ivoire et par l'absence de culture d'indemnisation généreuse. Il n'est pas rare que des préjudices corporels graves ne donnent lieu qu'à des condamnations de quelques dizaines de millions de francs CFA, là où les tribunaux français prononceraient des condamnations de plusieurs millions d'euros.

9.1.3. L'assurance responsabilité civile professionnelle : protection du praticien et garantie de la victime

A. L'obligation légale d'assurance instituée par la Loi n° 2024-240

L'une des innovations majeures de la Loi n° 2024-240 du 24 avril 2024 portant exercice de la médecine réside dans l'instauration d'une obligation légale d'assurance responsabilité civile professionnelle pour les médecins exerçant en clientèle privée. L'article 20 de cette loi dispose : « Nul ne peut exercer en clientèle privée s'il n'a souscrit à une police d'assurance couvrant les risques professionnels auprès de compagnies d'assurance agréées. Le médecin fonctionnaire ne peut intervenir dans le privé que s'il dispose d'une Convention l'y autorisant. Il doit disposer d'une assurance couvrant ses risques professionnels. Le défaut d'assurance constitue une faute passible de sanctions disciplinaires non seulement à l'encontre du médecin concerné, mais également du responsable médical de l'établissement ayant eu recours à ses prestations. »

Cette obligation d'assurance, longtemps absente du droit ivoirien alors qu'elle existe depuis plusieurs décennies dans la plupart des pays développés, poursuit un double objectif. D'une part, elle vise à protéger le médecin contre les conséquences financières potentiellement catastrophiques d'une condamnation en responsabilité civile : un médecin condamné à verser plusieurs dizaines ou centaines de millions de francs CFA de dommages-intérêts à un patient victime d'une faute grave se trouverait en situation de ruine personnelle s'il devait payer cette somme sur son patrimoine propre ; l'assurance permet de mutualiser ce risque entre tous les médecins assurés. D'autre part, et surtout, elle vise à garantir l'indemnisation effective des victimes : à quoi servirait-il d'obtenir une condamnation civile du médecin si celui-ci est insolvable et ne peut payer ? L'assurance obligatoire garantit que la victime pourra effectivement percevoir les dommages-intérêts alloués par le juge, l'assureur étant légalement tenu d'indemniser la victime à concurrence du plafond de garantie prévu au contrat.

Le défaut de souscription d'une assurance responsabilité civile professionnelle constitue désormais une faute disciplinaire sanctionnable par l'Ordre des Médecins. Cette sanction peut aller de l'avertissement à la suspension temporaire d'exercice, voire à la radiation en cas de récidive ou de circonstances aggravantes. Le législateur a voulu ainsi assurer l'effectivité de l'obligation d'assurance en en faisant une condition d'exercice légal de la médecine, et non une simple recommandation sans force contraignante. La responsabilité du responsable médical de l'établissement qui emploierait un médecin non assuré est également engagée, ce qui vise à inciter les cliniques et cabinets médicaux privés à vérifier que tous les praticiens qu'ils emploient sont effectivement couverts par une assurance.

B. Le marché de l'assurance médicale en Côte d'Ivoire : état des lieux

Le marché ivoirien de l'assurance responsabilité civile professionnelle médicale est encore peu développé comparé aux standards internationaux. Quelques compagnies d'assurance locales (AGEKAF, ASA-CI, NISSI Assurances) proposent des contrats spécifiques couvrant les risques professionnels des médecins, mais ces offres demeurent peu connues d'une partie significative de la profession médicale. Les contrats proposés prévoient généralement des plafonds de garantie compris entre 50 millions et plusieurs milliards de francs CFA selon les formules choisies, ces plafonds déterminant le montant maximum que l'assureur accepte de verser en indemnisation d'un sinistre.

La prime d'assurance (cotisation annuelle versée par le médecin à l'assureur) varie en fonction de plusieurs facteurs : la spécialité médicale exercée (certaines spécialités à risque comme la chirurgie, l'obstétrique ou l'anesthésie-réanimation donnent lieu à des primes plus élevées que les spécialités peu invasives comme la dermatologie ou la psychiatrie), le volume d'activité, les antécédents de sinistres du praticien (un médecin ayant déjà fait l'objet de plusieurs condamnations paiera une prime plus élevée ou se verra refuser l'assurance), et le plafond de garantie choisi. Les primes annuelles s'échelonnent généralement de quelques centaines de milliers de francs CFA pour les spécialités à faible risque avec des garanties limitées, à plusieurs millions de francs CFA pour les spécialités à haut risque avec des garanties élevées.

L'intervention de l'assureur dans la gestion du contentieux de responsabilité civile médicale présente des avantages considérables pour le médecin assuré. D'abord, l'assureur prend en charge les frais de défense (honoraires d'avocat, frais d'expertise) qui peuvent représenter des sommes importantes. Ensuite, l'assureur dispose généralement d'équipes juridiques spécialisées rompues à la défense des professionnels de santé, ce qui améliore les chances de succès de la défense. Enfin, l'assureur peut proposer à la victime une indemnisation amiable transactionnelle évitant un procès long, coûteux et aléatoire : si l'expertise amiable révèle une faute probable du médecin et un préjudice important de la victime, l'assureur peut préférer indemniser rapidement la victime moyennant une transaction (accord par lequel la victime renonce à toute action judiciaire future en contrepartie du versement immédiat d'une somme d'argent) plutôt que d'attendre une condamnation judiciaire potentiellement plus coûteuse.

9.2 : La responsabilité ordinale — réguler la profession

9.2.1. Fondements et organisation de la juridiction disciplinaire de l'Ordre

A. Le pouvoir disciplinaire de l'Ordre des Médecins : textes de référence

Le pouvoir disciplinaire de l'Ordre National des Médecins de Côte d'Ivoire trouve son fondement dans la Loi n° 60-284 du 10 septembre 1960 portant création de l'Ordre, modifiée par la Loi n° 2021-555 du 27 septembre 2021 portant organisation et fonctionnement de l'Ordre. L'article 2 de la loi fondatrice assigne à l'Ordre la mission de « veiller au maintien des principes de moralité, de probité et de dévouement indispensables à l'exercice de la médecine et à l'observation par tous ses membres des devoirs professionnels ainsi que des règles édictées par le Code de Déontologie ». Cette mission de surveillance déontologique implique nécessairement un pouvoir de sanction des manquements constatés.

Les règles déontologiques dont l'Ordre est le gardien sont énoncées par le Code de Déontologie Médicale institué par la Loi n° 62-248 du 31 juillet 1962, qui demeure en vigueur depuis plus de six décennies. Ce code, analysé en détail dans la première partie du présent ouvrage, énumère l'ensemble des obligations professionnelles du médecin : secret professionnel, dignité envers les patients, interdiction de la publicité et du commerce médical, confraternité, indépendance professionnelle, qualité des soins. La violation de l'une quelconque de ces obligations constitue une faute disciplinaire susceptible de donner lieu à des poursuites devant les instances de l'Ordre.

La procédure disciplinaire obéit à des règles spécifiques garantissant les droits de la défense du médecin poursuivi. Le médecin doit être convoqué par écrit avec un délai minimum de 15 jours avant la séance disciplinaire (ce délai étant augmenté des délais de distance s'il réside hors de Côte d'Ivoire), la convocation devant mentionner précisément les faits qui lui sont reprochés. Le médecin a le droit de se faire assister d'un défenseur, qui peut être un confrère médecin ou un avocat inscrit au barreau de Côte d'Ivoire. Il dispose d'un droit de récusation des membres du Conseil Régional ou du Conseil National siégeant en formation disciplinaire s'il justifie d'un motif légitime (lien de parenté, inimitié notoire, intérêt personnel dans l'affaire). La séance disciplinaire fait l'objet d'un procès-verbal signé par les membres du conseil, ce procès-verbal constituant la preuve du respect de la procédure.

B. Organisation et compétence des instances disciplinaires

L'architecture disciplinaire de l'Ordre des Médecins ivoirien repose sur une organisation à deux degrés : les Conseils Régionaux de l'Ordre des Médecins (CROM) constituent la juridiction de première instance, tandis que la

Section Disciplinaire du Conseil National de l'Ordre des Médecins (CNOMCI) exerce la fonction de juridiction d'appel.

Les **Conseils Régionaux** sont compétents pour connaître en premier ressort de toutes les plaintes disciplinaires dirigées contre les médecins inscrits au tableau de leur région. Ces plaintes peuvent émaner de diverses sources : un patient qui s'estime victime d'un manquement déontologique, un confrère médecin qui dénonce un comportement contraire à l'éthique professionnelle, une autorité administrative (Préfet, Directeur Départemental de la Santé, Procureur de la République) qui constate une infraction, ou le Conseil Régional lui-même agissant d'office. Une particularité du droit disciplinaire médical ivoirien tient à ce que les médecins fonctionnaires ne peuvent être traduits devant l'Ordre pour des faits relatifs à l'exercice de leurs fonctions publiques que sur saisine du Ministre de la Santé, du Directeur de la Santé, du Procureur ou d'un juge, sauf si la violation du Code de Déontologie est manifeste.

Après instruction de la plainte (audition du médecin mis en cause, recueil de témoignages, examen de pièces), le Conseil Régional se réunit en formation disciplinaire et délibère sur la sanction à prononcer. Sa décision, motivée et notifiée par écrit au médecin dans les dix jours, peut être frappée d'appel dans un délai de trente jours à compter de la notification. L'appel est porté devant la Section Disciplinaire du Conseil National, qui réexamine l'affaire tant en fait qu'en droit et peut soit confirmer la décision du Conseil Régional, soit la réformer en aggravant ou en atténuant la sanction, soit annuler la décision pour vice de procédure.

La **Section Disciplinaire du Conseil National**, composée de quatre membres élus par le Conseil National et d'un magistrat nommé par le Garde des Sceaux (qui préside la section), constitue la juridiction suprême de l'Ordre en matière disciplinaire. Ses décisions peuvent toutefois faire l'objet d'un recours de plein contentieux devant la Chambre Administrative de la Cour Suprême, qui contrôle la légalité de la décision disciplinaire (respect de la procédure, qualification juridique correcte des faits, proportionnalité de la sanction) sans pouvoir réexaminer l'opportunité de la sanction.

9.2.2. L'échelle des sanctions disciplinaires et leur régime juridique

A. Les cinq sanctions ordinales : de l'avertissement à la radiation

L'article 36 de la Loi n° 60-284 du 10 septembre 1960, qui demeure en vigueur nonobstant les modifications apportées par la Loi n° 2021-555, établit une échelle graduée de cinq sanctions disciplinaires que les instances de l'Ordre peuvent prononcer à l'encontre d'un médecin fautif.

L'avertissement constitue la sanction la plus légère. Il s'agit d'une admonestation privée par laquelle le Conseil rappelle au médecin ses obligations déontologiques et l'exhorte à ne plus commettre de manquement à l'avenir. L'avertissement, bien que non public, est inscrit au dossier ordinal du médecin et emporte une conséquence accessoire : la privation du droit de siéger au Conseil Régional ou au Conseil National pendant une durée de trois ans. Cette privation vise à écarter temporairement des instances dirigeantes de l'Ordre les médecins ayant failli à leurs obligations déontologiques, même de manière mineure.

Le blâme représente une sanction de gravité immédiatement supérieure. Il consiste en une réprimande formelle, généralement publique ou semi-publique, stigmatisant le comportement fautif du médecin. Le blâme emporte également la privation du droit de siéger aux instances ordinales pendant trois ans. La différence entre l'avertissement et le blâme tient principalement à la publicité donnée à la sanction et au degré de réprobation morale qu'elle exprime.

L'interdiction temporaire ou permanente d'exercer des fonctions médicales publiques vise spécifiquement les activités médicales exercées dans le cadre du service public ou en application des lois sociales. Cette sanction, qui peut être prononcée pour une durée maximale de trois ans lorsqu'elle est temporaire, interdit au médecin sanctionné d'exercer toute fonction médicale conférée ou rétribuée par l'État, les collectivités territoriales, les établissements publics, ou relevant de l'application des lois de protection sociale. Elle laisse toutefois intacte la possibilité pour le médecin de continuer à exercer une activité libérale privée. Cette sanction emporte la privation définitive du droit de siéger aux conseils de l'Ordre.

L'interdiction temporaire d'exercer la médecine, d'une durée ne pouvant excéder trois ans, constitue une sanction grave qui suspend le droit du médecin de pratiquer la médecine sous quelque forme que ce soit, tant publique que privée. Pendant la durée de l'interdiction, le médecin demeure inscrit au tableau de l'Ordre mais ne peut légalement accomplir aucun acte médical. Cette sanction est généralement prononcée en cas de faute grave (mise en danger de patients, violation répétée du secret professionnel, exercice en état d'alcoolisme ou de toxicomanie) qui appelle une mise à l'écart temporaire du praticien pour protéger les patients. Elle emporte également la privation définitive du droit de siéger aux conseils ordinaux.

La radiation du tableau de l'Ordre constitue la sanction disciplinaire ultime, équivalant à une mort professionnelle. Le médecin radié perd définitivement son droit d'exercer la médecine sur le territoire ivoirien. La radiation est définitive, et le médecin radié ne peut solliciter une nouvelle inscription à un autre tableau régional de l'Ordre. Toutefois, l'article 41 de la Loi n° 60-284 prévoit un mécanisme de réhabilitation : le médecin radié peut, après un délai de trois ans, demander au Conseil National sa réinscription au tableau. Cette demande peut être rejetée, et en cas de rejet, le médecin ne peut présenter une nouvelle demande qu'après un nouveau délai de trois ans. La radiation est généralement prononcée pour des fautes d'une gravité exceptionnelle : exercice illégal de la médecine après suspension, fautes répétées malgré des sanctions antérieures, comportements criminels (agressions sexuelles sur patients, escroqueries, faux certificats systématiques).

B. Cumul des sanctions disciplinaires et pénales

Une particularité du droit disciplinaire médical ivoirien, qui le distingue du régime général de la fonction publique, réside dans la possibilité de cumul entre sanctions disciplinaires ordinales et sanctions pénales. L'article 77 de la Loi n° 62-248 du 31 juillet 1962 instituant le Code de Déontologie Médicale prévoit expressément : « Les juridictions répressives pourront prononcer, en sus des peines prévues par le Code Pénal, l'une des peines disciplinaires énumérées à l'article 36 de la Loi n° 60-284. » Cette disposition signifie que lorsqu'un médecin est poursuivi devant les tribunaux pénaux pour une infraction liée à l'exercice de sa profession (homicide involontaire, violation du secret professionnel, exercice illégal), le juge pénal peut non seulement prononcer les peines pénales prévues par le Code Pénal (emprisonnement, amende), mais aussi prononcer à titre de peine complémentaire une sanction disciplinaire ordinale (interdiction temporaire d'exercer, voire radiation).

Ce cumul possible des sanctions ne constitue pas une violation du principe non bis in idem (interdiction de juger deux fois pour les mêmes faits) dès lors que les deux sanctions poursuivent des objectifs distincts : la sanction pénale vise la répression d'un comportement socialement dangereux, tandis que la sanction ordinale vise la préservation de l'éthique professionnelle et la protection des patients. La possibilité pour le juge pénal de prononcer directement une sanction ordinale présente l'avantage de l'efficacité : elle évite au patient victime d'avoir à porter plainte devant l'Ordre en plus de sa plainte pénale, et elle garantit que la sanction ordinale interviendra dans les mêmes délais que la sanction pénale, sans attendre une procédure disciplinaire distincte qui pourrait prendre plusieurs années.

Dans la pratique, les juges pénaux ivoiriens usent rarement de cette faculté de prononcer des sanctions disciplinaires en complément des peines pénales, soit par méconnaissance de cette possibilité, soit par réticence à empiéter sur les prérogatives de l'Ordre. Il demeure que lorsqu'un médecin est condamné pénalement pour des faits graves (homicide involontaire résultant d'une faute médicale caractérisée, violation du secret professionnel), l'Ordre peut et doit engager parallèlement une procédure disciplinaire propre susceptible d'aboutir à une sanction ordinale autonome de la condamnation pénale.

9.3. La responsabilité administrative — discipliner l'agent public

9.3.1. Le régime spécifique de la fonction publique hospitalière

A. Le Statut Général de la Fonction Publique : textes de référence

Les médecins exerçant dans les établissements publics hospitaliers (Centres Hospitaliers Universitaires, hôpitaux généraux, centres de santé publics) sont soumis, en leur qualité de fonctionnaires ou d'agents contractuels de l'État, au Statut Général de la Fonction Publique institué par la Loi n° 92-570 du 11 septembre 1992. Ce statut, qui régit l'ensemble des agents publics civils de l'État et des collectivités territoriales, définit leurs droits et obligations ainsi que le régime disciplinaire applicable en cas de manquement aux devoirs de la fonction.

L'article 19 du Statut Général pose le principe de la protection fonctionnelle : « Le fonctionnaire a droit à être protégé par l'administration contre les menaces, violences, voies de fait, injures, diffamations ou outrages dont il pourrait être l'objet. L'administration est tenue de réparer, le cas échéant, le préjudice qui en est résulté. » Cette disposition signifie que lorsqu'un médecin fonctionnaire est poursuivi en justice par un patient pour une faute commise dans l'exercice de ses fonctions (faute de service), l'administration doit le protéger en prenant en charge sa défense et, le cas échéant, l'indemnisation de la victime. Cette protection ne s'étend toutefois pas aux fautes personnelles détachables du service, pour lesquelles le médecin engage sa responsabilité personnelle.

Le régime disciplinaire applicable aux fonctionnaires est fixé par les articles 73 à 80 du Statut Général. L'article 79 énumère les sanctions disciplinaires pouvant être prononcées à l'encontre d'un fonctionnaire fautif : avertissement, blâme, mise à pied (suspension temporaire avec privation de traitement), rétrogradation (reclassement dans un grade inférieur), révocation (licenciement définitif de la fonction publique). Ces sanctions sont prononcées par l'autorité investie du pouvoir de nomination (généralement le Ministre de tutelle) après avis d'un Conseil de Discipline composé paritairement de représentants de l'administration et de représentants du personnel.

B. Distinction cruciale : faute de service versus faute personnelle détachable

La jurisprudence administrative, tant française qu'ivoirienne dans la mesure où celle-ci s'inspire de celle-là, opère une distinction fondamentale entre deux catégories de fautes commises par un agent public dans l'exercice ou à l'occasion de l'exercice de ses fonctions : la faute de service et la faute personnelle détachable du service. Cette distinction détermine qui, de l'administration ou de l'agent personnellement, doit assumer la responsabilité civile du dommage causé à un tiers (en l'occurrence, le patient).

La **faute de service** se définit comme une faute commise dans l'exercice des fonctions, sans intention malveillante particulière, et qui peut être imputée au fonctionnement défectueux du service public plutôt qu'à la personne de l'agent. Elle se caractérise par son lien étroit avec le service : l'agent agissait dans le cadre de ses attributions, utilisait les moyens du service, et n'a pas manifesté d'intention de nuire personnelle. Lorsqu'un médecin hospitalier commet une erreur de diagnostic par négligence, prescrit un traitement inadapté, ou omet un examen complémentaire nécessaire, sans que ces fautes révèlent une incompétence grossière ou une légèreté blâmable excédant les simples imperfections du service, il s'agit d'une faute de service. Dans ce cas, c'est l'administration (l'établissement hospitalier public, et in fine l'État) qui assume la responsabilité civile : le patient victime devra assigner l'établissement hospitalier devant le Tribunal Administratif, et c'est l'établissement qui devra indemniser le préjudice. Le médecin fonctionnaire bénéficie de la protection de l'administration : il n'est pas personnellement condamné à payer des dommages-intérêts.

La faute personnelle détachable du service se définit au contraire comme une faute d'une gravité telle qu'elle ne peut s'expliquer par les seules exigences du service, mais révèle l'homme avec ses passions, ses imprudences, ses négligences caractérisées. La jurisprudence administrative française, dont s'inspire la pratique ivoirienne, retient plusieurs critères pour qualifier une faute de personnelle détachable : la gravité exceptionnelle de la faute (incompétence grossière, violation délibérée des règles élémentaires), l'intention de nuire ou la malveillance manifeste, la commission de la faute en dehors des fonctions ou en excédant manifestement les pouvoirs conférés par celles-ci. Un médecin hospitalier qui opère un patient en état d'ivresse, qui pratique une intervention sans aucune indication médicale dans un but purement expérimental ou lucratif personnel, ou qui agresse sexuellement un patient, commet une faute personnelle détachable du service. Dans ce cas, c'est le médecin personnellement qui engage sa responsabilité civile : le patient peut l'assigner en nom personnel devant les tribunaux judiciaires (et non administratifs), et le médecin devra indemniser le préjudice sur son patrimoine propre, sans protection de l'administration.

Cette distinction entre faute de service et faute personnelle détachable revêt une importance pratique considérable pour le patient victime et pour le médecin mis en cause. Pour le patient, obtenir réparation auprès de l'administration (faute de service) présente l'avantage de la solvabilité : l'État paie toujours, contrairement au médecin personne physique qui peut être insolvable. En revanche, la procédure devant le Tribunal Administratif est généralement plus longue que celle devant les tribunaux judiciaires. Pour le médecin, voir sa faute qualifiée de faute de service présente l'avantage inestimable de la protection : il ne paie rien personnellement, l'administration assume l'indemnisation. En revanche, il peut subir une sanction disciplinaire administrative (blâme, mise à pied, révocation) qui affecte sa carrière.

9.3.2. Les sanctions administratives et leur articulation avec les autres responsabilités

A. L'échelle des sanctions administratives

L'article 79 de la Loi n° 92-570 du 11 septembre 1992 portant Statut Général de la Fonction Publique établit l'échelle des sanctions disciplinaires administratives applicables aux fonctionnaires fautifs. Ces sanctions, énumérées par ordre de gravité croissante, sont au nombre de cinq.

L'**avertissement** constitue la sanction la plus légère. Simple rappel à l'ordre adressé par la hiérarchie au fonctionnaire, il ne comporte aucune conséquence pécuniaire mais est inscrit au dossier administratif du fonctionnaire pendant une durée déterminée.

Le **blâme** représente une réprimande formelle plus grave que l'avertissement. Il est notifié par écrit au fonctionnaire et inscrit à son dossier. Bien que sans effet financier immédiat, il peut peser négativement sur l'avancement et la carrière du fonctionnaire.

La **mise à pied**, d'une durée ne pouvant excéder quinze jours, consiste en une suspension temporaire des fonctions avec privation du traitement. Le fonctionnaire ne travaille pas et ne perçoit aucun salaire pendant la durée de la mise à pied. Cette sanction, douloureuse financièrement, est généralement prononcée pour des fautes d'une gravité moyenne (absences injustifiées répétées, manquements disciplinaires caractérisés).

La **rétrogradation** consiste à rétrograder le fonctionnaire dans un grade inférieur à celui qu'il occupait, avec réduction corrélative de son traitement. Cette sanction, extrêmement humiliante et pénalisante pour la carrière, est rarement prononcée en pratique.

La **révocation** (ou licenciement) constitue la sanction administrative suprême. Elle met fin définitivement aux fonctions du fonctionnaire et lui interdit généralement de solliciter une réintégration future dans la fonction publique. La révocation est prononcée pour les fautes les plus graves : abandon de poste, faute professionnelle gravissime mettant en danger la vie de patients, corruption, comportements criminels.

Le B. Articulation avec la responsabilité pénale et ordinale

principe général veut que les différents régimes de responsabilité (administratif, pénal, ordinal) soient indépendants les uns des autres : un même fait peut donner lieu simultanément à des poursuites pénales, à une procédure disciplinaire ordinale devant l'Ordre des Médecins, et à une procédure disciplinaire administrative devant le Conseil de Discipline de la fonction publique. Toutefois, cette indépendance connaît des limites tenant au principe *non bis in idem*.

Concernant l'articulation entre responsabilité administrative et responsabilité pénale, le principe est que la sanction administrative ne se cumule pas avec la sanction pénale pour les mêmes faits lorsque le juge pénal a prononcé une peine ferme. En revanche, si le médecin fonctionnaire est relaxé au pénal (acquittement), l'administration conserve la possibilité de prononcer une sanction disciplinaire sur le fondement des mêmes faits, dès lors que la qualification disciplinaire des faits diffère de la qualification pénale écartée par le juge.

S'agissant de l'articulation entre responsabilité administrative et responsabilité ordinale, les deux procédures peuvent se dérouler parallèlement et aboutir à un cumul de sanctions. Un médecin hospitalier peut ainsi se voir infliger un blâme par le Conseil de Discipline de l'hôpital pour une faute administrative, et une interdiction temporaire d'exercer prononcée par l'Ordre des Médecins pour la même faute considérée sous l'angle déontologique.

Ce cumul se justifie par la différence de nature des intérêts protégés : la sanction administrative vise le bon fonctionnement du service public hospitalier, tandis que la sanction ordinale vise le respect de l'éthique médicale et la protection des patients.

9.4. La responsabilité pénale — réprimer les infractions

9.4.1. Les fondements textuels de la répression pénale des fautes médicales

A. Le Code Pénal ivoirien : les infractions non intentionnelles

Le Code Pénal ivoirien, dans sa version issue de la Loi n° 2019-574 du 26 juin 2019, incrimine plusieurs comportements susceptibles d'être commis par des professionnels de santé dans l'exercice de leur activité. Ces incriminations visent principalement les infractions non intentionnelles (atteintes involontaires à la vie ou à l'intégrité physique) et certaines infractions intentionnelles spécifiques (non-assistance à personne en danger, violation du secret professionnel).

L'**article 392 du Code Pénal** constitue le fondement principal de la responsabilité pénale des médecins et auxiliaires médicaux en cas de dommage corporel causé par négligence. Cet article, qui sanctionne l'homicide et les blessures involontaires, dispose : « Est puni d'un emprisonnement de trois mois à trois ans et d'une amende de 100.000 à 1.000.000 de francs quiconque, par maladresse, imprudence, inattention, négligence ou inobservation des règlements, commet involontairement un homicide ou en est involontairement la cause. La peine est d'un mois à un an d'emprisonnement et l'amende de 50.000 à 500.000 francs, s'il en est résulté une incapacité totale de travail personnel pendant plus de six jours. »

Cette disposition établit que la responsabilité pénale peut être engagée même en l'absence d'intention de nuire : la simple maladresse, imprudence, inattention, négligence ou inobservation des règlements suffit à caractériser l'infraction si elle cause involontairement la mort ou des blessures à autrui. Les professionnels de santé ne bénéficient d'aucune immunité particulière ; au contraire, leur qualité professionnelle peut être retenue comme circonstance aggravante par analogie avec d'autres dispositions du Code Pénal qui prévoient un alourdissement des peines pour certaines catégories professionnelles.

Les éléments constitutifs de l'homicide ou des blessures involontaires sont au nombre de trois : un élément matériel (un acte ou une omission), un élément moral (la faute sous forme de maladresse, imprudence, inattention, négligence ou inobservation des règlements), et un résultat dommageable (décès ou blessures entraînant une incapacité de travail supérieure à six jours). Le lien de causalité entre la faute et le résultat doit être établi, ce qui soulève les mêmes difficultés probatoires qu'en matière de responsabilité civile.

B. Les infractions intentionnelles : non-assistance et violation du secret

Outre les atteintes involontaires à la vie et à l'intégrité physique, le Code Pénal ivoirien incrimine deux infractions intentionnelles particulièrement pertinentes pour les professionnels de santé : la non-assistance à personne en danger et la violation du secret professionnel.

L'**article 391 du Code Pénal** sanctionne la non-assistance à personne en danger : « Est puni d'un emprisonnement de trois mois à cinq ans et d'une amende de 50.000 à 500.000 francs quiconque s'abstient volontairement de porter à une personne en péril l'assistance que, sans risque pour lui ni pour les tiers, il pouvait lui prêter, soit par son action personnelle, soit en provoquant un secours. Ces peines sont portées au double si le coupable avait l'obligation professionnelle ou contractuelle de porter assistance ou secours à la victime. »

Cette infraction présente une importance particulière pour les médecins et auxiliaires médicaux car elle est doublement aggravée lorsqu'elle est commise par une personne ayant une obligation professionnelle de porter secours. Ainsi, un médecin qui, passant devant un accident de la circulation, s'abstiendrait volontairement de porter assistance à une personne blessée alors qu'il pourrait le faire sans danger, encourt une peine d'emprisonnement pouvant aller jusqu'à dix ans (le double de cinq ans) et une amende pouvant atteindre un million de francs CFA (le double de 500.000 francs). Cette obligation déontologique de porter secours, consacrée par l'article 46 du Code de Déontologie Médicale, se trouve ainsi renforcée par une sanction pénale dissuasive.

L'élément matériel de l'infraction consiste en une abstention volontaire : le professionnel de santé doit s'être volontairement abstenu de porter secours alors qu'il en avait la possibilité. L'élément moral réside dans le caractère volontaire de l'abstention : il faut que le professionnel ait eu conscience du péril encouru par la personne et qu'il ait délibérément choisi de ne pas intervenir. L'infraction n'est caractérisée que si l'intervention était possible sans risque pour le sauveteur ou pour des tiers : un médecin confronté à une situation dangereuse (fusillade, incendie) n'est pas tenu de risquer sa vie pour porter secours.

La violation du secret professionnel, incriminée par les articles 444 à 448 du Code Pénal (Loi n°2019-574 du 26 juin 2019), constitue une autre infraction spécifiquement applicable aux médecins : « Tout dépositaire, par état ou profession, d'un secret qu'on lui confie, qui, hors le cas où la loi oblige ou autorise à se porter dénonciateur, révèle ce secret, est puni d'un emprisonnement d'un à six mois et d'une amende de 50.000 à 500.000 francs. » Cette incrimination, combinée à l'article 7 du Code de Déontologie Médicale qui impose le secret professionnel à tout médecin, sanctionne pénalement toute divulgation non autorisée d'informations confidentielles relatives à un patient.

9.4.2. Les infractions spécifiques à l'exercice médical : la Loi n° 2024-240

A. L'exercice illégal de la médecine : une infraction lourdement sanctionnée

La Loi n° 2024-240 du 24 avril 2024 portant exercice de la médecine a introduit un arsenal répressif renforcé visant à lutter contre l'exercice illégal de la profession médicale. L'article 63 de cette loi définit et sanctionne l'exercice illégal : « Est puni d'un emprisonnement d'un à cinq ans et d'une amende de 1.000.000 à 5.000.000 de francs, quiconque exerce illégalement la profession de médecin. Le juge prononce la privation des droits mentionnés à l'article 68 du Code Pénal pour une durée de cinq ans au plus et la confiscation du matériel ayant servi à commettre l'infraction. »

L'article 62 de la même loi précise ce qui constitue un exercice illégal : « Exerce illégalement la médecine : toute personne qui prend part habituellement ou par direction suivie, même en présence d'un médecin, à l'établissement d'un diagnostic ou d'un traitement sans remplir les conditions prévues à l'article 16 de la présente loi [diplôme de docteur en médecine régulièrement reconnu et inscription au tableau de l'Ordre] ; le médecin qui se livre à la pratique de la médecine en violation d'une interdiction temporaire ou définitive d'exercice de la médecine ; le médecin inscrit à l'Ordre des médecins qui emploie un médecin non inscrit à l'Ordre des Médecins est complice d'exercice illégal. »

Cette définition appelle plusieurs observations. D'abord, l'exercice illégal ne se confond pas avec l'usurpation de titre : une personne peut se présenter comme médecin sans exercer effectivement la médecine (simple imposture) ; inversement, une personne peut exercer la médecine sans se présenter comme médecin (charlatan qui soigne en se disant guérisseur traditionnel). L'infraction d'exercice illégal vise les actes matériels d'établissement de diagnostic et de traitement, indépendamment de l'usurpation de titre qui constitue une infraction distincte.

Ensuite, l'exercice illégal suppose une pratique habituelle ou une direction suivie : un acte isolé de diagnostic ou de traitement ne suffit pas à caractériser l'infraction. Cette exigence d'habitude vise à éviter de pénaliser des interventions ponctuelles de bon samaritain (un étudiant en médecine qui dispense les premiers secours à une victime d'accident) tout en permettant de poursuivre ceux qui se livrent systématiquement à des actes médicaux sans y être habilités.

Enfin, la loi incrimine expressément la complicité d'exercice illégal : le médecin régulièrement inscrit qui emploie un médecin non inscrit est considéré comme complice et encourt les mêmes peines que l'auteur principal. Cette disposition vise à responsabiliser les médecins employeurs (directeurs de cliniques privées, médecins chefs de service) en leur imposant une obligation de vérification de l'inscription de leurs collaborateurs au tableau de l'Ordre.

B. L'exercice sans autorisation : sanction de l'activité privée non autorisée

L'article 64 de la Loi n° 2024-240 crée une infraction distincte de l'exercice illégal : l'exercice de la médecine en clientèle privée par un médecin régulièrement inscrit à l'Ordre mais ne disposant pas de l'autorisation administrative nécessaire. « Est puni d'un emprisonnement de trois mois à un an et d'une amende de 1.000.000 à 5.000.000 de francs, le médecin inscrit au tableau de l'Ordre national des médecins de Côte d'Ivoire qui, pour exercer la médecine en clientèle privée, n'a pas l'autorisation prévue à l'article 18 de la présente loi. »

Cette disposition vise particulièrement les médecins fonctionnaires qui souhaiteraient exercer une activité privée complémentaire sans avoir obtenu l'autorisation préalable du Ministère de la Santé et sans avoir conclu la convention exigée par la loi. Elle vise également les médecins étrangers installés en Côte d'Ivoire qui, bien qu'inscrits à l'Ordre, n'auraient pas obtenu l'autorisation d'ouverture de cabinet requise. Le quantum de la peine (trois mois à un an d'emprisonnement), inférieur à celui prévu pour l'exercice illégal proprement dit (un à cinq ans), traduit la moindre gravité de cette infraction qui suppose au moins que l'auteur est médecin qualifié, contrairement à l'exercice illégal qui peut être le fait de personnes totalement dépourvues de formation médicale.

9.4.3. La procédure pénale : un traumatisme pour le praticien

A. La garde à vue et l'instruction pénale

Lorsqu'un médecin ou un auxiliaire médical est soupçonné d'avoir commis une infraction pénale (homicide involontaire, non-assistance, violation du secret), il peut faire l'objet de mesures procédurales extrêmement éprouvantes psychologiquement et professionnellement. Le Code de Procédure Pénale ivoirien (Loi du 27 décembre 2018) autorise la garde à vue pour une durée initiale de 48 heures, renouvelable une fois sur autorisation du Procureur de la République, soit une durée maximale de 96 heures. Pendant la garde à vue, le praticien est privé de liberté, détenu dans les locaux de la police ou de la gendarmerie, interrogé, et ne peut communiquer librement avec l'extérieur. L'impact réputationnel de cette mesure est considérable : même si le praticien est ultérieurement relaxé, le seul fait d'avoir été placé en garde à vue est souvent relaté par la presse et les réseaux sociaux, causant un préjudice durable à sa réputation professionnelle.

Si l'affaire présente une complexité nécessitant des investigations approfondies, le Procureur de la République peut saisir un juge d'instruction qui ouvrira une information judiciaire. Le médecin sera alors mis en examen (anciennement "inculpé"), statut juridique qui signifie qu'il existe des indices graves et concordants de sa participation à l'infraction. La mise en examen entraîne l'inscription au fichier judiciaire et peut, dans les cas graves, conduire à un placement en détention provisoire si le juge d'instruction estime que la personne présente un risque de fuite ou de récidive. Pour un médecin, une détention provisoire, même de courte durée, équivaut à une destruction de carrière : impossible de continuer à exercer en étant incarcéré, perte de la clientèle, stigmatisation sociale.

L'instruction pénale, phase durant laquelle le juge d'instruction rassemble les preuves (auditions, expertises, perquisitions, confrontations), peut durer plusieurs mois voire plusieurs années. Durant toute cette période, le médecin vit sous la menace d'une condamnation pénale, ce qui génère un stress psychologique intense. L'expertise médicale judiciaire, ordonnée par le juge d'instruction, jouera un rôle déterminant : si l'expert conclut à l'existence d'une faute médicale ayant causé le dommage, la mise en accusation et le renvoi devant le tribunal correctionnel sont quasi certains ; si au contraire l'expert écarte toute faute, le juge d'instruction rendra une ordonnance de non-lieu (classement de l'affaire).

B. Le jugement et les peines encourues

Si l'instruction aboutit à un renvoi devant le tribunal correctionnel, le médecin comparaîtra publiquement devant trois magistrats professionnels qui prononceront, au terme des débats, soit une relaxe (acquittement) si la culpabilité n'est pas démontrée, soit une condamnation assortie de peines. Les peines encourues ont été détaillées précédemment : pour l'homicide involontaire, trois mois à trois ans d'emprisonnement et 100.000 à 1.000.000 de francs CFA d'amende ; pour la non-assistance à personne en danger aggravée, six mois à dix ans d'emprisonnement et 100.000 à 1.000.000 de francs CFA d'amende ; pour l'exercice illégal, un à cinq ans d'emprisonnement et 1.000.000 à 5.000.000 de francs CFA d'amende.

Dans la pratique, les tribunaux ivoiriens, lorsqu'ils condamnent un médecin pour homicide involontaire, prononcent généralement des peines d'emprisonnement assorties du sursis (la peine n'est pas exécutée si le condamné ne commet pas de nouvelle infraction pendant un délai déterminé), sauf circonstances exceptionnellement graves. Cette mansuétude relative s'explique par la prise en compte du contexte médical (difficulté de l'acte médical, pénurie de moyens), du fait que le praticien n'a agi ni par malveillance ni par cupidité, et du traumatisme que représente déjà pour lui la procédure pénale elle-même. Les amendes prononcées demeurent généralement dans les fourchettes basses prévues par la loi.

Outre les peines principales, le juge peut prononcer des peines complémentaires : interdiction temporaire d'exercer la profession médicale (cette peine, bien que de nature administrative, peut être prononcée par le juge pénal), confiscation du matériel médical ayant servi à commettre l'infraction, publication du jugement dans la presse. Ces peines complémentaires, notamment l'interdiction d'exercer, peuvent avoir des conséquences professionnelles plus graves que l'emprisonnement avec sursis lui-même.

CONCLUSION GÉNÉRALE VERS UNE RESPONSABILITÉ MÉDICALE ÉQUILIBRÉE EN CÔTE D'IVOIRE

Au terme de cette exploration systématique du régime juridique de la responsabilité du professionnel de santé en Côte d'Ivoire, il convient de dresser un bilan des constats effectués, de dégager les enseignements transversaux de l'analyse, et de formuler des recommandations susceptibles d'améliorer le dispositif existant. L'ambition de cette conclusion n'est pas simplement de résumer les développements précédents, mais de proposer une vision prospective du droit médical ivoirien, attentive aux enjeux contemporains de sécurité des patients, de protection des praticiens, et d'accessibilité du système de santé.

1. Synthèse des principaux constats

L'examen du corpus juridique applicable révèle l'existence d'un socle normatif relativement complet, articulé autour de trois piliers législatifs majeurs : le Code de Déontologie Médicale issu de la Loi n° 62-248 du 31 juillet 1962, l'organisation de l'Ordre National des Médecins fondée sur la Loi n° 60-284 du 10 septembre 1960 révisée en 2021, et les dispositions générales du Code Civil en matière de responsabilité délictuelle et contractuelle. Ces textes, dont certains datent de l'immédiate post-indépendance, témoignent d'une volonté précoce du législateur ivoirien d'encadrer l'exercice de la médecine et d'instituer des mécanismes de régulation professionnelle.

La promulgation récente de la Loi n° 2024-240 du 24 avril 2024 portant exercice de la médecine marque une étape significative dans la modernisation du droit médical ivoirien. Cette loi, première codification exhaustive de l'exercice médical depuis l'indépendance, clarifie les conditions d'accès à la profession, renforce la lutte contre l'exercice illégal, consacre le principe du consentement éclairé du patient, et instaure l'obligation d'assurance responsabilité civile professionnelle pour les praticiens libéraux. Ces avancées, saluées par la doctrine et par les professionnels, traduisent une prise de conscience des insuffisances du dispositif antérieur et une volonté d'alignement sur les standards internationaux en matière de sécurité sanitaire et de droits des patients.

Toutefois, ce cadre normatif, pour structuré qu'il soit, présente des lacunes préoccupantes. La première lacune tient à l'absence d'un Code de la Santé Publique unifié qui regrouperait l'ensemble des dispositions législatives et réglementaires relatives à l'organisation du système de santé, aux droits des patients, aux obligations des professionnels, et aux mécanismes de responsabilité et d'indemnisation. La dispersion actuelle des textes entre le Code Civil, le Code Pénal, le Code de Déontologie, la Loi sur l'exercice de la médecine, le Statut de la Fonction Publique, et de multiples décrets sectoriels, nuit à la lisibilité du droit et complique la tâche des praticiens, des juristes et des patients qui peinent à identifier les règles applicables à une situation donnée.

La deuxième lacune majeure réside dans le déficit de textes réglementaires d'application. La Loi n° 2024-240 prévoit à son article 66 que « des décrets fixent les modalités d'application de la présente loi », mais au 14 décembre 2025, soit plus de dix-huit mois après la promulgation de la loi, ces décrets d'application n'ont pas été publiés ou du moins ne sont pas accessibles dans les bases juridiques consultées. Cette situation crée une insécurité juridique pour les praticiens qui ignorent les modalités concrètes de mise en œuvre de certaines obligations légales, notamment en matière d'autorisations d'exercice pour les médecins étrangers ou de procédures de contrôle des établissements de santé privés.

L'un des paradoxes les plus frappants du droit médical ivoirien tient à l'écart considérable entre la sophistication croissante du cadre juridique de la responsabilité médicale et la marginalité persistante du contentieux judiciaire effectif. Nos recherches ont révélé l'absence quasi totale de jurisprudence publiée en matière de responsabilité médicale : aucun arrêt de la Cour Suprême de Côte d'Ivoire, aucune décision des Cours d'Appel d'Abidjan, aucun jugement des tribunaux de première instance n'a pu être identifié dans les bases de données juridiques accessibles en ligne. Cette absence de jurisprudence publiée ne signifie pas nécessairement absence de contentieux, mais elle révèle à tout le moins une opacité du système judiciaire qui ne publie pas ses décisions et ne constitue pas de jurisprudence accessible aux praticiens et aux justiciables.

Plusieurs facteurs expliquent cette faible judiciarisation effective de la responsabilité médicale. Le premier facteur est d'ordre économique : le coût prohibitif du contentieux judiciaire (honoraires d'avocat, frais d'expertise médicale, droits de greffe) constitue un obstacle insurmontable pour la majorité des patients ivoiriens qui vivent avec des revenus modestes. Un patient dont la famille gagne 100 000 francs CFA par mois ne peut raisonnablement envisager d'engager une procédure judiciaire qui coûtera plusieurs millions de francs et durera plusieurs années, même si son préjudice médical est avéré. La pauvreté, plus que l'ignorance des droits, explique la sous-judiciarisation massive de la responsabilité médicale en Côte d'Ivoire.

Le deuxième facteur tient à l'insuffisance des moyens de preuve dont dispose le patient pour établir la faute médicale. Le dossier médical, pièce probatoire essentielle, est souvent incomplet, mal tenu, ou tout simplement inaccessible au patient qui se heurte au refus de l'établissement de santé de lui en remettre copie. L'expertise médicale, indispensable pour établir la faute technique, requiert la désignation d'un expert inscrit sur les listes des Cours d'Appel, mais le nombre d'experts disponibles demeure très insuffisant au regard des besoins, entraînant des délais d'attente considérables et des coûts d'expertise dissuasifs. Sans dossier médical et sans expertise, le patient ne dispose d'aucun moyen sérieux de démontrer la faute du médecin, ce qui rend son action en justice vouée à l'échec.

Le troisième facteur, de nature sociologique, réside dans la persistance d'une relation médecin-patient marquée par une forte asymétrie de pouvoir et par une culture de déférence envers l'autorité médicale. Dans la société ivoirienne traditionnelle, le médecin bénéficie d'un statut social élevé et d'un prestige moral qui rendent difficile sa mise en cause publique par un patient. Contester la décision d'un médecin, a fortiori l'accuser de faute professionnelle, peut être perçu comme un manquement au respect dû aux figures d'autorité. Cette dimension culturelle, bien que s'atténuant progressivement sous l'effet de l'urbanisation et de l'éducation, continue d'exercer un effet inhibiteur sur la propension des patients à recourir aux voies judiciaires.

L'analyse détaillée des régimes civil, ordinal, administratif et pénal de responsabilité a mis en évidence leur interdépendance fonctionnelle et leur complémentarité nécessaire. Loin de constituer des compartiments étanches, ces quatre régimes forment un système cohérent poursuivant des objectifs distincts mais convergents : la réparation du préjudice subi par le patient (responsabilité civile), la régulation déontologique de la profession médicale (responsabilité ordinale), la discipline des agents du service public hospitalier (responsabilité administrative), et la répression des comportements médicaux socialement dangereux (responsabilité pénale).

Cette pluralité de régimes applicables simultanément à un même fait générateur présente des avantages certains en termes de protection des patients et de régulation de la profession. Un patient victime d'une faute médicale grave dispose ainsi de plusieurs voies de recours possibles : une action civile en indemnisation devant le tribunal de première instance (ou le tribunal administratif si l'auteur est un médecin hospitalier public), un dépôt de plainte pénale auprès du Procureur de la République si la faute est constitutive d'une infraction (homicide involontaire, non-assistance à personne en danger), et une plainte disciplinaire devant l'Ordre des Médecins. Ces voies de recours ne s'excluent pas mutuellement mais peuvent être exercées parallèlement, chacune visant un objectif spécifique : obtenir une indemnisation (voie civile), obtenir une sanction répressive (voie pénale), obtenir une sanction déontologique (voie ordinale).

Toutefois, cette pluralité de régimes peut également générer des situations de complexité procédurale et d'incohérence des décisions. Un médecin poursuivi simultanément devant trois juridictions différentes pour les mêmes faits (tribunal civil pour obtenir des dommages-intérêts, tribunal correctionnel pour homicide involontaire, Conseil Régional de l'Ordre pour faute déontologique) se trouve confronté à trois procédures distinctes, obéissant à des règles différentes, conduites devant des juges différents, et susceptibles d'aboutir à des appréciations divergentes des faits. Il n'est pas rare que le juge pénal relaxe un médecin (acquittement au pénal) tandis que le juge civil le condamne à indemniser le patient (condamnation au civil), cette apparente contradiction s'expliquant par la différence des charges de la preuve et des standards probatoires entre les deux ordres de juridiction.

2. Recommandations pour la modernisation du droit médical ivoirien

Au regard des constats dressés, plusieurs axes de réforme méritent d'être explorés pour améliorer le dispositif juridique de la responsabilité médicale et, plus largement, pour renforcer la sécurité sanitaire et les droits des patients en Côte d'Ivoire.

La première recommandation porte sur l'élaboration et l'adoption d'un **Code de la Santé Publique** unifié regroupant l'ensemble des dispositions législatives et réglementaires relatives à l'organisation du système de santé, aux professions de santé, aux établissements de santé, aux droits des patients, et aux régimes de responsabilité. Ce Code, sur le modèle du Code de la Santé Publique français ou du Code de la Santé québécois, présenterait l'avantage de la lisibilité et de l'accessibilité : praticiens, juristes, patients et autorités sanitaires disposeraient d'un texte unique rassemblant toutes les règles applicables, évitant ainsi la dispersion actuelle des normes entre de multiples textes épars.

Un tel Code pourrait s'articuler autour de plusieurs livres thématiques. Le **Livre I** serait consacré à l'organisation générale du système de santé : compétences respectives de l'État, des collectivités territoriales et du secteur privé en matière sanitaire, politiques nationales de santé, planification sanitaire, surveillance épidémiologique. Le **Livre II** définirait les professions de santé (médecins, chirurgiens-dentistes, pharmaciens, sages-femmes, infirmiers, kinésithérapeutes, techniciens de laboratoire et d'imagerie médicale) en précisant pour chacune les conditions d'accès à la profession, les actes autorisés (rôle propre et rôle délégué), les obligations déontologiques, et les régimes de responsabilité applicables. Le **Livre III** régirait les établissements de santé publics et privés : conditions d'ouverture et de fonctionnement, autorisations administratives, contrôles sanitaires, accréditation et certification qualité.

Le **Livre IV**, particulièrement important, serait dédié aux droits des patients : droit à l'information sur son état de santé et sur les traitements proposés, droit au consentement libre et éclairé avant tout acte médical, droit au respect de la dignité et de l'intimité, droit au secret médical, droit d'accès au dossier médical, droit de désigner une personne de confiance, droits spécifiques des mineurs et des majeurs protégés, droit de formuler des directives anticipées concernant la fin de vie. Ce livre consacrerait juridiquement les principes éthiques fondamentaux de la relation de soins, actuellement dispersés dans le Code de Déontologie et dans des textes sectoriels. Enfin, le **Livre V** codifierait les régimes de responsabilité médicale (civile, pénale, ordinale, administrative) et créerait un dispositif d'indemnisation des accidents médicaux non fautifs sur le modèle de ce qui existe dans d'autres pays.

La deuxième recommandation majeure porte sur l'instauration d'un **mécanisme d'indemnisation amiable** des accidents médicaux, qu'ils soient fautifs ou non fautifs, permettant aux patients victimes d'obtenir une indemnisation rapide sans avoir à engager une procédure judiciaire longue et coûteuse. Plusieurs modèles étrangers peuvent inspirer le législateur ivoirien.

Le modèle français, institué par la Loi Kouchner du 4 mars 2002, repose sur la création de **Commissions Régionales de Conciliation et d'Indemnisation** (CRCI) chargées d'examiner les demandes d'indemnisation formulées par les patients victimes d'accidents médicaux. Lorsqu'un patient estime avoir subi un dommage lié à un acte de prévention, de diagnostic ou de soins, il peut saisir la CRCI de sa région qui ordonne une expertise médicale amiable (gratuite pour le patient) afin de déterminer si le dommage résulte d'une faute médicale ou d'un aléa thérapeutique. Si l'expertise conclut à une faute médicale, la CRCI tente de concilier le patient et le médecin (ou son assureur) pour parvenir à une indemnisation amiable transactionnelle ; si la conciliation échoue, le patient conserve la possibilité de saisir les tribunaux. Si l'expertise conclut à un aléa thérapeutique (accident non fautif), le patient peut être indemnisé par l'Office National d'Indemnisation des Accidents Médicaux (ONIAM), établissement public alimenté par un prélèvement sur les cotisations d'assurance maladie obligatoire, à condition que son taux d'incapacité permanente dépasse un certain seuil (actuellement 24%).

L'adaptation de ce modèle au contexte ivoirien supposerait la création de **Commissions Régionales de Conciliation et d'Indemnisation en Côte d'Ivoire** (CRCI-CI), rattachées administrativement au Ministère de la Santé mais jouissant d'une indépendance fonctionnelle garantie par la présence de magistrats en leur sein. Ces commissions seraient composées de manière paritaire : représentants des patients (associations de défense des droits des malades), représentants des professionnels de santé (Ordre des Médecins, syndicats médicaux), représentants des assureurs, et magistrats. Elles disposeraient d'un pouvoir d'expertise amiable gratuite pour les patients et d'un pouvoir de conciliation contraignante sous réserve de l'accord des parties.

Parallèlement, il conviendrait de créer un **Fonds National d'Indemnisation des Accidents Médicaux** (FONIAM) chargé d'indemniser, en l'absence de faute identifiée, les victimes d'accidents médicaux graves ayant entraîné des conséquences lourdes (décès, incapacité permanente supérieure à un seuil déterminé, hospitalisation prolongée). Ce fonds serait alimenté par une contribution des établissements de santé (publics et privés) calculée en fonction de leur activité, par une contribution des médecins libéraux assise sur leurs revenus professionnels, et par une subvention budgétaire de l'État. L'indemnisation par le fonds interviendrait en complément, et non en substitution, de l'indemnisation par les assureurs responsabilité civile professionnelle des médecins lorsqu'une faute est établie.

La troisième recommandation concerne l'amélioration de la **tenue et de la conservation des dossiers médicaux**, qui constituent la pièce probatoire centrale de tout contentieux de responsabilité médicale. Actuellement, la réglementation ivoirienne ne fixe pas de manière précise les règles relatives au contenu obligatoire du dossier médical, aux modalités de sa conservation, ni aux conditions d'accès du patient à son propre dossier. Cette lacune normative engendre des situations préjudiciables tant pour les patients (qui peinent à obtenir communication de leur dossier) que pour les médecins (qui se trouvent démunis face à des accusations de faute lorsque le dossier a été mal tenu ou égaré).

Il conviendrait d'adopter un **décret relatif au dossier médical** définissant avec précision son contenu obligatoire. Ce décret devrait prévoir que tout dossier médical comporte au minimum les éléments suivants : identité complète du patient, antécédents médicaux et chirurgicaux, allergies connues, traitements en cours, motif de consultation, description des symptômes rapportés par le patient, résultats de l'examen clinique, hypothèses diagnostiques envisagées, examens complémentaires prescrits et leurs résultats, diagnostic retenu, traitement prescrit avec posologie, informations délivrées au patient sur son état et sur les traitements proposés, consentement du patient aux actes envisagés, évolution ultérieure, courriers adressés aux confrères consultés. Chaque consultation ou acte médical devrait donner lieu à une fiche datée et signée par le praticien.

S'agissant de la conservation du dossier médical, le décret devrait fixer une durée minimale de conservation de vingt ans à compter de la dernière consultation, afin de permettre au patient d'exercer ses droits pendant toute la durée de la prescription de l'action en responsabilité. Les établissements de santé et les cabinets médicaux devraient être tenus de conserver les dossiers dans des conditions garantissant leur intégrité, leur confidentialité et leur accessibilité. La destruction prématurée d'un dossier médical devrait être érigée en faute disciplinaire susceptible de sanctions ordinales.

Enfin, le décret devrait consacrer le **droit du patient à l'accès à son dossier médical**. Tout patient devrait pouvoir, sur simple demande écrite adressée au médecin ou à l'établissement de santé, obtenir dans un délai raisonnable (quinze jours maximum) la communication de l'intégralité de son dossier médical, soit sous forme de copie remise en main propre ou envoyée par courrier, soit sous forme de consultation sur place en présence d'un médecin si le patient le souhaite. Aucun frais ne devrait être réclamé au patient pour la première communication de son dossier ; des frais raisonnables de reproduction pourraient être facturés pour les communications ultérieures. Le refus injustifié de communiquer le dossier médical au patient devrait constituer une faute déontologique sanctionnable.

La quatrième recommandation vise à renforcer la formation des professionnels de santé en matière de droit médical et de déontologie. L'étude menée en 2024 au CHU de Bouaké, évoquée précédemment, a révélé que 78% des médecins interrogés méconnaissaient les règles de responsabilité médicale applicables à leur exercice professionnel. Cette méconnaissance massive du cadre juridique et déontologique constitue un facteur de risque médico-légal majeur : un praticien qui ignore ses obligations ne peut les respecter, et s'expose ainsi à commettre involontairement des fautes engageant sa responsabilité.

Il conviendrait d'instaurer une **obligation de formation continue** imposant à tout médecin inscrit au tableau de l'Ordre de suivre régulièrement (par exemple tous les trois ans) un module de formation de plusieurs jours consacré aux évolutions du droit médical, de la déontologie, et de la responsabilité professionnelle. Cette formation, organisée par l'Ordre des Médecins en partenariat avec les facultés de médecine et les facultés de droit, aborderait les thématiques suivantes : les obligations légales et déontologiques du médecin (secret professionnel, information du patient, consentement éclairé, continuité des soins), les principaux risques médico-légaux selon les spécialités, la tenue du dossier médical, l'assurance responsabilité civile professionnelle, la conduite à tenir en cas de complication ou d'événement indésirable grave, la gestion de la relation avec le patient et sa famille en cas de dommage.

Le suivi de cette formation continue devrait être contrôlé par l'Ordre qui délivrerait une attestation de formation. Le défaut de participation à la formation continue obligatoire devrait constituer une faute disciplinaire exposant le médecin à des sanctions graduées : avertissement en cas de première négligence, blâme en cas de récidive, suspension temporaire d'exercice en cas de refus persistant de se former. Cette obligation de formation continue, loin de constituer une contrainte bureaucratique, représente un investissement indispensable dans la prévention des fautes médicales et dans la protection des patients comme des praticiens.

La cinquième recommandation porte sur la publication systématique des décisions de justice en matière de responsabilité médicale, afin de constituer progressivement une jurisprudence accessible aux praticiens, aux juristes, et aux chercheurs. Actuellement, l'absence de publication des décisions judiciaires ivoiriennes, quel que soit le domaine du droit, nuit gravement au développement d'une culture juridique nationale et prive les justiciables d'une connaissance précise de l'interprétation que les juges donnent des textes législatifs et réglementaires.

La Cour Suprême de Côte d'Ivoire devrait créer, à l'instar de ce qui existe dans la plupart des pays, un bulletin officiel de jurisprudence publiant les arrêts les plus significatifs rendus par ses différentes chambres (civile, pénale, administrative), notamment en matière de responsabilité médicale. Ces publications, anonymisées (les noms des parties étant remplacés par des initiales ou des lettres) pour respecter la vie privée des patients, mentionneraient les faits de l'espèce, la procédure suivie, les moyens des parties, les motifs de la décision, et le dispositif (partie opérationnelle du jugement qui ordonne ou interdit). La diffusion de ce bulletin, gratuitement accessible en ligne sur le site internet de la Cour Suprême, permettrait aux praticiens de connaître la jurisprudence et d'adapter leur pratique en conséquence.

Parallèlement, les Cours d'Appel et les Tribunaux de première instance devraient être encouragés à publier leurs décisions les plus importantes. Une base de données nationale de jurisprudence, accessible via un portail internet du Ministère de la Justice, centraliserait toutes ces décisions et permettrait des recherches par mots-clés, par thématique, ou par texte de loi appliqué. Cette transparence jurisprudentielle, conforme aux exigences de l'État de droit, favoriserait l'émergence d'une doctrine juridique ivoirienne de la responsabilité médicale et renforcerait la sécurité juridique des acteurs du système de santé.

3. Plaidoyer pour une « Alliance thérapeutique » renouvelée

Au-delà des réformes techniques du cadre juridique, la véritable clé d'une responsabilité médicale équilibrée réside dans la restauration d'une relation de confiance entre les professionnels de santé et les patients. Le développement du contentieux de responsabilité médicale, observable dans tous les pays du monde depuis plusieurs décennies, traduit souvent une rupture de cette relation de confiance : lorsque le patient a le sentiment de n'avoir pas été écouté, informé, respecté dans sa dignité, lorsqu'il perçoit l'attitude du médecin comme arrogante ou indifférente à sa souffrance, la survenance d'un dommage médical, même si celui-ci relève de l'aléa thérapeutique inévitable, déclenche une volonté de mise en cause judiciaire du praticien.

Restaurer la confiance suppose d'abord de revaloriser la dimension relationnelle et communicationnelle de l'acte médical. Le médecin ne doit pas se réduire à un technicien du corps humain qui pose un diagnostic et prescrit un traitement, mais doit demeurer un thérapeute au sens étymologique du terme : celui qui « prend soin » du patient dans sa globalité physique, psychologique et sociale. Prendre le temps d'écouter le patient raconter son histoire, d'expliquer en termes compréhensibles ce dont il souffre et ce qui va lui être proposé comme traitement, de répondre à ses questions et d'apaiser ses inquiétudes, constituent autant d'actes thérapeutiques à part entière, aussi importants que la prescription médicamenteuse ou le geste technique chirurgical.

La formation initiale des médecins devrait accorder une place bien plus importante qu'actuellement aux enseignements de sciences humaines et sociales (psychologie, sociologie, anthropologie médicale, éthique, communication thérapeutique) afin de développer chez les futurs praticiens des compétences relationnelles et une sensibilité aux dimensions non strictement biomédicales de la maladie. Un médecin qui comprend les représentations culturelles de la maladie dans la société ivoirienne, qui sait identifier les facteurs psycho-sociaux influençant l'adhésion thérapeutique, qui maîtrise les techniques de communication adaptées aux différents profils de patients (analphabètes, personnes âgées, adolescents, patients souffrant de troubles psychiatriques), sera non seulement un meilleur thérapeute mais également un praticien moins exposé aux conflits et aux contentieux.

Du côté des patients et de leurs familles, il importe également de développer une culture de l'éducation sanitaire visant à améliorer la compréhension du fonctionnement du corps humain, des mécanismes de la maladie, et des limites de la médecine. Trop souvent, les patients entretiennent des attentes irréalistes vis-à-vis de la médecine, qu'ils perçoivent comme une science infaillible capable de guérir toutes les maladies et de conjurer la mort. Or la médecine demeure, malgré ses progrès considérables, une discipline incertaine confrontée à la complexité et à l'imprévisibilité du vivant : tous les patients ne répondent pas de la même manière à un traitement, certaines maladies résistent aux thérapeutiques disponibles, des complications imprévisibles surviennent malgré le respect scrupuleux des protocoles. Accepter cette incertitude inhérente à la médecine, comprendre que le médecin s'engage à mettre en œuvre tous les moyens raisonnables pour guérir mais ne peut garantir la guérison, contribuerait à réduire le nombre de conflits nés d'un sentiment de « promesse non tenue ».

Cette alliance thérapeutique renouvelée suppose enfin une évolution des mentalités au sein du corps médical lui-même. La culture médicale traditionnelle, marquée par un paternalisme bienveillant (le médecin sait ce qui est bon pour le patient et décide pour lui), doit laisser place à une culture du partenariat thérapeutique reconnaissant le patient comme sujet autonome et acteur de sa propre santé. Le patient n'est pas un simple réceptacle passif des décisions médicales, mais un partenaire qui participe aux choix thérapeutiques le concernant après avoir été pleinement informé des options disponibles, de leurs bénéfices attendus et de leurs risques potentiels. Cette évolution culturelle, amorcée mais encore incomplète en Côte d'Ivoire, constitue la condition sine qua non d'une relation médecin-patient apaisée et d'un système de santé respectueux de la dignité des personnes soignées.

L'exploration du régime juridique de la responsabilité du professionnel de santé en Côte d'Ivoire a révélé un dispositif en construction, combinant un héritage normatif post-colonial vieillissant et des innovations législatives récentes prometteuses. Les avancées significatives accomplies ces dernières années, notamment avec l'adoption de la Loi n° 2024-240 portant exercice de la médecine, témoignent d'une volonté politique de modernisation du cadre juridique sanitaire et de renforcement de la sécurité des patients. Toutefois, de nombreux chantiers demeurent ouverts : élaboration d'un Code de la Santé Publique unifié, création de mécanismes d'indemnisation amiable, amélioration de la traçabilité médicale, formation continue des praticiens, publication de la jurisprudence.

La réalisation de ces réformes ne relève pas de la seule responsabilité du législateur ou de l'exécutif, mais appelle une mobilisation collective de tous les acteurs du système de santé : professionnels de santé soucieux d'exercer dans un cadre juridique sécurisé, ordres professionnels garants de l'éthique médicale, magistrats attentifs à la spécificité du contentieux médical, chercheurs en droit et en santé publique producteurs de connaissances et de recommandations, et bien sûr patients et associations de défense des droits des malades, légitimes porteurs d'une exigence de qualité et de sécurité des soins.

L'enjeu ultime de ces réformes dépasse la seule question de la responsabilité médicale pour toucher au fondement même de l'exercice de la médecine dans une société démocratique : concilier l'impératif éthique du soin, l'exigence technique de la compétence professionnelle, et le respect des droits fondamentaux des personnes soignées. C'est à cette condition, et à cette condition seulement, que pourra se construire un système de santé ivoirien à la fois performant et humain, protégeant efficacement les patients tout en permettant aux professionnels d'exercer leur art dans la sérénité

GLOSSAIRE DES PRINCIPAUX TERMES TECHNIQUES

A

Accident médical

Événement indésirable survenant au cours d'un acte de prévention, de diagnostic ou de soins, ayant entraîné un dommage pour le patient, qu'il soit fautif ou non.

Aléa thérapeutique

Dommage anormal, imprévisible et non fautif survenant à l'occasion d'un acte médical correctement exécuté.

Atteinte permanente à l'intégrité physique (AIPP)

Déficit fonctionnel séquellaire apprécié en pourcentage, permettant de mesurer la gravité des séquelles d'un dommage corporel.

B

Bienfaisance

Principe éthique selon lequel le professionnel de santé doit rechercher le bien du patient et promouvoir sa santé.

C

Causalité (lien de causalité)

Lien juridique et factuel entre la faute (ou l'acte médical) et le dommage subi par le patient.

Charte

Texte à valeur infra-législative énonçant des principes directeurs (par exemple, charte du patient hospitalisé).

Code de déontologie

Ensemble de règles éthiques et professionnelles régissant l'exercice d'une profession de santé, adopté par la loi et appliqué par l'Ordre.

Code pénal

Texte législatif définissant les infractions et les peines applicables en cas de violation de la loi pénale.

Compétence technique

Aptitude d'un professionnel de santé à accomplir des actes conformes aux données acquises de la science.

Consentement éclairé

Accord donné par le patient à un acte médical après information loyale, claire et appropriée sur son état, les risques, bénéfices et alternatives.

Contentieux médical

Ensemble des litiges portés devant les juridictions en lien avec des actes médicaux ou paramédicaux.

Contrat médical

Contrat sui generis liant le professionnel de santé et le patient ; il emporte obligation de moyens pour le soignant.

Culpa (faute)

Concept romain de faute, comprenant l'imprudence, la négligence et l'incompétence (imperitia).

D

Damnum iniuria datum

Formule latine issue de la Lex Aquilia désignant le dommage causé injustement, matrice de la responsabilité civile délictuelle.

Déontologie

Ensemble des devoirs et exigences éthiques propres à une profession, dont le respect est contrôlé par un ordre professionnel.

Défaut d'information

Manquement du professionnel de santé à son obligation d'informer le patient sur son état, les soins proposés et leurs risques.

E

Erreur médicale

Acte ou omission d'un professionnel de santé qui s'écarte des règles de l'art et des données acquises de la science.

Éthique médicale

Réflexion normative sur les valeurs et principes guidant la pratique médicale (bienfaisance, non-malfaisance, autonomie, justice).

F

Faute médicale

Violation, par un professionnel de santé, d'une obligation légale, réglementaire, déontologique ou technique, à l'origine d'un dommage.

Faute lourde

Faute d'une gravité exceptionnelle traduisant une incompétence manifeste ou un mépris caractérisé des règles de l'art.

Fonctionnaire de santé

Professionnel de santé ayant la qualité d'agent public et soumis au Statut général de la Fonction publique.

I

Imperitia

Incompétence technique du professionnel de santé, assimilée à la faute en droit romain et en droit civil moderne.

Infection nosocomiale

Infection contractée au cours ou au décours d'une prise en charge dans un établissement de santé, absente à l'admission.

J

Judiciarisation du soin

Processus par lequel les relations entre patients et soignants sont de plus en plus réglées par le recours au juge et au droit.

L

Lien de subordination

Rapport hiérarchique plaçant un professionnel sous l'autorité d'un supérieur (ex : infirmier / médecin, médecin / administration).

M

Maladresse médicale

Erreur matérielle dans l'exécution d'un geste technique (section d'un vaisseau, oubli de compresse, erreur de côté, etc.).

Médecine défensive

Pratique consistant à multiplier examens ou précautions non indispensables dans le seul but de se prémunir contre un risque contentieux.

O

Obligation de moyens

Obligation par laquelle le débiteur (le médecin) s'engage à mettre en œuvre tous les moyens raisonnables sans garantir le résultat.

Obligation de résultat

Obligation par laquelle le débiteur s'engage à atteindre un résultat déterminé (rare en médecine, sauf exceptions : sécurité d'un dispositif, etc.).

P

Patient sujet de droit

Conception moderne du patient comme titulaire de droits opposables au système de santé (information, consentement, réparation).

Préjudice moral

Atteinte aux droits extra-patrimoniaux (souffrances, anxiété, perte de chance, atteinte à la dignité) indemnisable.

Préjudice corporel

Atteinte à l'intégrité physique ou psychique d'une personne, résultant d'un acte ou d'une omission fautive ou d'un accident.

R

Responsabilité civile

Obligation de réparer un dommage causé à autrui par sa faute ou, plus rarement, sans faute.

Responsabilité administrative

Responsabilité des personnes publiques pour les dommages causés dans le cadre du service public de santé.

Responsabilité disciplinaire (ordinale)

Responsabilité devant l'Ordre professionnel pour violation du Code de déontologie.

Responsabilité pénale

Responsabilité encourue devant les juridictions répressives en cas d'infraction au Code pénal.

S

Secret médical

Obligation, pour les professionnels de santé, de ne pas divulguer les informations obtenues à l'occasion des soins.

Sécurité des soins

Ensemble des mesures visant à réduire le risque d'événements indésirables liés aux soins.

V

Violation du secret professionnel

Divulgation illicite d'une information à caractère secret confiée au professionnel de santé dans l'exercice de ses fonctions.

BIBLIOGRAPHIE

I. SOURCES JURIDIQUES IVOIRIENNES

A. Textes législatifs et réglementaires

1. **Constitution de la République de Côte d'Ivoire**, 8 novembre 2016.
2. **Code civil ivoirien**, notamment les articles 1382 et 1383 relatifs à la responsabilité civile délictuelle.
3. **Code pénal** :
   - Loi n°2019-574 du 26 juin 2019 portant Code Pénal (abrogeant la Loi n°81-640 du 31 juillet 1981).
   - Loi n° 2019-574 du 26 juin 2019 portant Code pénal (homicides et blessures involontaires, non-assistance à personne en danger, etc.).
4. **Code de procédure civile, commerciale et administrative**, ordonnance n° 2018-940 du 28 novembre 2018.
5. **Loi n° 60-284 du 10 septembre 1960** portant création de l'Ordre National des Médecins de Côte d'Ivoire.
6. **Loi n° 62-248 du 31 juillet 1962** portant Code de Déontologie Médicale.
7. **Loi n° 92-570 du 11 septembre 1992** portant Statut général de la Fonction publique.
8. **Loi n° 2014-133 du 24 mars 2014** portant création de l'Ordre National des Sages-Femmes et Maïeuticiens de Côte d'Ivoire.
9. **Loi n° 2021-555 du 27 septembre 2021** portant réorganisation de l'Ordre National des Médecins de Côte d'Ivoire.
10. **Loi n° 2022-794 du 13 octobre 2022** portant création de l'Ordre National des Infirmiers et Infirmières de Côte d'Ivoire.
11. **Loi n° 2024-240 du 24 avril 2024** portant exercice de la médecine en Côte d'Ivoire.
12. **Loi n°2023-892 du 23 novembre 2023** portant nouveau Statut Général de la Fonction Publique (abrogeant la Loi n°92-570 du 11 septembre 1992).

B. Textes réglementaires et projets pertinents

13. Décrets et arrêtés d'application de la Loi n° 2024-240 (en préparation ou en cours de publication).
14. Projets de code de déontologie des infirmiers et de code de déontologie des sages-femmes (avant-projets 2023).

II. SOURCES HISTORIQUES ET COMPARÉES

A. Textes antiques

15. **Code d'Hammourabi**, §§ 215-223 (articles relatifs à la responsabilité du médecin).
    - SCHEIL, Jean, *Code des lois de Hammourabi, roi de Babylone*, Paris, Ernest Leroux, 1904.
    - FINET, André, *Le Code de Hammurabi*, Paris, Les Belles Lettres, 1983.
    - KING, L. W., *The Code of Hammurabi*, London, Luzac, 1910.
    - Texte complet en ligne : Louvre - Collections ; Encyclopaedia Iranica
16. **Papyrus Edwin Smith** et **Papyrus Ebers** (médecine pharaonique) :
    - BREASTED, James H., *The Edwin Smith Surgical Papyrus*, Chicago, University of Chicago Press, 1930.
    - EBERS, Georg, *Papyrus Ebers. Das älteste Buch über Heilkunde*, Leipzig, 1875.
    - Texte numérisé : University of Chicago Oriental Institute
17. **Corpus hippocratique** :
    - *Serment d'Hippocrate*, *Épidémies*, *Du médecin*, etc., dans : LITTRE, Émile (éd.), *Oeuvres complètes d'Hippocrate*, Paris, J.-B. Baillière, 10 vol., 1839–1861.
    - Textes en ligne : BIU Santé - Paris ; Perseus Digital Library
18. **Droit romain et Lex Aquilia** :
    - *Digeste* de Justinien, notamment fragments d'Ulpien et Gaius sur la responsabilité du médecin.

- GIRARD, Paul-Frédéric, *Manuel élémentaire de droit romain*, Paris, Sirey, 7e éd., 1926.
- Ressource numérique : The Latin Library - Corpus Iuris Civilis

B. Droit canonique, médiéval et moderne

19. IVe CONCILE DU LATRAN, 1215, Canon 18 (Sententiam sanguinis), interdiction aux clercs de la chirurgie impliquant effusion de sang.
20. THOMAS D'AQUIN, *Somme théologique*, IIa-IIae, questions sur la prudence et l'homicide involontaire.
21. DOMAT, Jean, *Les loix civiles dans leur ordre naturel*, Paris, 1689 (rééd. Dalloz).
22. POTHIER, Robert-Joseph, *Traité des obligations*, Paris, 1761 (rééd. LGDJ).

C. Textes et jurisprudence françaises structurants

23. **Code civil français**, 1804 (art. 1382–1383, devenus 1240–1241).
    - Texte en ligne : Légifrance
24. **Loi du 19 ventôse an XI (10 mars 1803)** relative à l'exercice de la médecine.
25. **Loi n° 2002-303 du 4 mars 2002** relative aux droits des malades et à la qualité du système de santé (dite Loi Kouchner).
    - Texte en ligne : Légifrance - Loi 2002-303
26. **Code de la santé publique** (France), notamment articles L.1110-1 et s. (droits des patients) et L.1142-1 et s. (responsabilité médicale et ONIAM).
    - Texte en ligne : Légifrance - CSP
27. **Arrêt Mercier**, Cass. civ., 20 mai 1936, D. 1936.1.88.
28. **Arrêt Teyssier**, Cass. civ., 28 janvier 1942, DP 1942.1.51.
29. Jurisprudence française sur l'aléa thérapeutique, les infections nosocomiales et la charge de la preuve (sélection d'arrêts du Conseil d'État et de la Cour de cassation).

III. DOCTRINE GÉNÉRALE EN DROIT MÉDICAL

A. Doctrine francophone

30. JOSSERAND, Louis, *La responsabilité civile*, Paris, Dalloz, 2 vol., 1928–1930.
31. DEMOGUE, René, *Traité des obligations en général*, Paris, Rousseau, 1923–1933.
32. MALAURIE, Philippe ; AYNÈS, Laurent ; STOFFEL-MUNCK, Philippe, *Les obligations*, LGDJ, 12e éd.
33. PÉLISSIER, Jean, *Droit médical*, Litec, plusieurs éd.
34. BOURCIS, Henri, *La responsabilité médicale*, Dalloz, coll. "Précis", dernière éd.
35. GIBAUD, Jean, *Traité de droit médical*, LGDJ.
36. PERCEROU, Jean, *La responsabilité du médecin et de l'hôpital*, Dalloz, coll. "Méthodes du droit".

B. Doctrine et études africaines / ivoiriennes

37. SANOGO, Yanourga, *La responsabilité médicale en Côte d'Ivoire : enjeux et perspectives*, article/ouvrage universitaire, Université Péléforo Gon Coulibaly (référence citée dans le manuscrit).
38. MAÏGA COULIBALY, [Prénom], travaux en droit de la santé et responsabilité médicale (articles et mémoires cités dans le mémorandum).
39. TRAVAUX de l'Ordre National des Médecins de Côte d'Ivoire : rapports annuels, circulaires déontologiques, décisions disciplinaires (non publiées mais citées comme sources internes).
40. MINISTÈRE DE LA SANTÉ, *Politique nationale de qualité des soins et de la sécurité des patients*, Abidjan, divers rapports et plans d'action.
41. EBOUAT, K.M.E.V., COULIBALY, Z.M., KONATE, Z., et al., « État des connaissances des médecins sur la responsabilité médicale au CHU de Bouake en Côte d'Ivoire », Archives of Legal Medicine, vol. 15, n°2, 2024, article 200478. [DOI : 10.1016/j.aolm.2024.200478]

IV. ÉTHIQUE, BIOÉTHIQUE ET TEXTES INTERNATIONAUX

42. ASSOCIATION MÉDICALE MONDIALE, *Déclaration de Genève* (Serment de Genève), 1948, révisée 2017.
    - Texte en ligne : WMA Declaration of Geneva
43. ASSOCIATION MÉDICALE MONDIALE, *Déclaration d'Helsinki* sur les principes éthiques applicables à la recherche médicale impliquant des sujets humains, 1964 (plusieurs révisions).
    - Texte en ligne : WMA Declaration of Helsinki
44. ORGANISATION MONDIALE DE LA SANTÉ (OMS), *Cadre pour la sécurité des patients* et documents sur la qualité des soins.
    - Site officiel : OMS - Sécurité des patients
45. NATIONS UNIES, *Pacte international relatif aux droits civils et politiques*, 1966 (droit à la vie, intégrité), et *Pacte international relatif aux droits économiques, sociaux et culturels* (droit à la santé).
    - Textes en ligne : OHCHR

V. OUVRAGES ET ARTICLES SPÉCIFIQUES À LA RESPONSABILITÉ MÉDICALE

46. PÉREZ, François, *Responsabilité médicale et droit des patients*, Dalloz, dernière éd.
47. KOURILSKY, Philippe, *Le droit et la médecine*, PUF, coll. "Que sais-je ?".
48. DOUCET, Hélène, *Bioéthique et droit*, PUF.
49. FENOUILLET, Dominique, *Le dommage corporel*, LGDJ.
50. FABRE-MAGNAN, Muriel, *Droit des obligations – Responsabilité civile*, PUF.

VI. RÉFÉRENCES MÉTHODOLOGIQUES ET SOCIOLOGIQUES

51. FOUCAULT, Michel, *Naissance de la clinique*, PUF, 1963.
52. FREIDSON, Eliot, *La profession médicale*, Payot.

53. BECK, Ulrich, *La société du risque*, Aubier, 2001.

VII. RESSOURCES NUMÉRIQUES ET BASES DOCUMENTAIRES

A. Bases de données juridiques ivoiriennes

54. **Juriafrica** (portail de jurisprudence africaine)
- Site : https://www.juriafrica.com/
- Consultation : bases jurisprudentielles de la Cour suprême de Côte d'Ivoire (aucune décision publiée en matière de responsabilité médicale identifiée à la date du manuscrit, décembre 2025).

55. **LoiDici** (plateforme de législation ivoirienne)
- Site : https://loidici.com/
- Consultation : textes législatifs et réglementaires ivoiriens.

56. **Archives numériques de la Cour suprême de Côte d'Ivoire**
- Accès limité ; recherche effectuée sans résultat en responsabilité médicale.

B. Bases de données juridiques françaises

57. **Légifrance** (service public de la diffusion du droit français)
- Site : https://www.legifrance.gouv.fr/
- Consultation : textes législatifs, codes, jurisprudence française en droit médical.

58. **Dalloz.fr** (base de données juridique privée, accès sur abonnement)
- Site : https://www.dalloz.fr/

59. **Doctrine.fr** (moteur de recherche jurisprudentiel)
- Site : https://www.doctrine.fr/

C. Organismes internationaux

60. **Organisation Mondiale de la Santé (OMS)**
- Site principal : https://www.who.int/fr
- Sécurité des patients : https://www.who.int/fr/news-room/fact-sheets/detail/patient-safety

61. **Association Médicale Mondiale (World Medical Association - WMA)**
   - Site : https://www.wma.net/
   - Déclarations éthiques : https://www.wma.net/what-we-do/medical-ethics/
62. **Haut-Commissariat des Nations Unies aux droits de l'homme (OHCHR)**
   - Site : https://www.ohchr.org/fr
   - Instruments internationaux : https://www.ohchr.org/fr/instruments-listings

D. Institutions ivoiriennes

63. **Ministère de la Santé, de l'Hygiène Publique et de la Couverture Maladie Universelle de Côte d'Ivoire**
   - Site : http://www.sante.gouv.ci/
   - Politique nationale de qualité des soins et de la sécurité des patients (documents internes).
64. **Ordre National des Médecins de Côte d'Ivoire (ONMCI)**
   - Absence de site web institutionnel public à la date du manuscrit.
   - Rapports annuels, circulaires et décisions disciplinaires (sources internes non publiées).

E. Bibliothèques numériques et archives historiques

65. **BIU Santé - Bibliothèque Interuniversitaire de Santé (Paris)**
   - Site : https://www.biusante.parisdescartes.fr/
   - Collections historiques : textes hippocratiques, traités médicaux anciens.
66. **Gallica - Bibliothèque Nationale de France**
   - Site : https://gallica.bnf.fr/
   - Ouvrages anciens numérisés en droit médical et responsabilité civile.
67. **Perseus Digital Library** (Tufts University)
   - Site : http://www.perseus.tufts.edu/
   - Textes grecs et latins : corpus hippocratique, droit romain.
68. **The Latin Library**
   - Site : https://thelatinlibrary.com/

- Corpus Iuris Civilis (Digeste, Code de Justinien).

TABLE DES MATIÈRES

Structures éditoriales du groupe L'Harmattan

L'Harmattan Italie
Via degli Artisti, 15
10124 Torino
harmattan.italia@gmail.com

L'Harmattan Hongrie
Kossuth l. u. 14-16.
1053 Budapest
harmattan@harmattan.hu

L'Harmattan Sénégal
10 VDN SICAP AMITIE 3
BP 45034 Dakar-Fann
direction@senharmattan.com

L'Harmattan Cameroun
Tsinga/Derrière polyclinique FECAFOOT
BP 11486 Yaoundé
Jacques.koukam@harmattan.fr

L'Harmattan Burkina Faso
Villa 281, secteur 23 623, rue 14.32
Ouagadougou
zagbie@outlook.fr

L'Harmattan Guinée
Almamya, rue KA 028 OKB Agency
BP 3470 Conakry
harmattanguinee@yahoo.fr

L'Harmattan RDC
185, avenue Nyangwe
Commune de Lingwala - Kinshasa
matangilamusadila@yahoo.fr

L'Harmattan Congo
219, avenue Nelson Mandela
BP 2874 Brazzaville
deunovmikhael@gmail.com

L'Harmattan Mali
Immeuble Mgr Jean Marie Cissé
Aci Hamadallaye
BP 145 Bamako
syllaka@yahoo.fr

L'Harmattan Togo
Djidjole - Maison Amela
face EPP BATOME
02 BP 20680 Lomé
didieramela11@gmail.com

L'Harmattan Côte d'Ivoire
Résidence Karl - Cité des Arts
Abidjan-Cocody
03 BP 1588 Abidjan
harmattan.ivoire@gmail.com

L'Harmattan Bénin
Rue 604, (Immeuble à l'entrée
de la rue UCAO- Cite de Saint-Jean)
Cotonou
stepcorpus@gmail.com

Nos librairies en France

Librairie internationale
16, rue des Écoles
75005 Paris
librairie.internationale@harmattan.fr
01 40 46 79 11
www.librairieharmattan.com

Librairie des savoirs
21, rue des Écoles
75005 Paris
librairie.sh@harmattan.fr
01 46 34 13 71
www.librairieharmattansh.com

www.ingramcontent.com/pod-product-compliance
Lightning Source LLC
LaVergne TN
LVHW050809061126
851857LV00012B/729